◆ポーランド史叢書10

白木　太一

国民教育委員会

―ヨーロッパ最初の「文部省」―

国王と草創期国民教育委員会の委員たち

スタニスワフ・アウグスト
（ポニャトフスキ家の出身、最後のポーランド国王）

ミハウ・ポニャトフスキ
（国王スタニスワフ・アウグストの実弟。1776 年以降委員会の会議を主宰、1786 年に正式に委員長に就任）

イグナツィ・マッサルスキ
（初代委員長。重農主義者）

イグナツィ・ポトツキ
（チャルトリスキ家とならぶ 18 世紀を代表するマグナート〔大貴族〕の総帥。初等読本協会の主導者）

アダム・カジミェシュ・チャルトリスキ
（18 世紀後半の共和国におけるマグナート一門の総帥）

アンジェイ・ザモイスキ
（16 世紀に台頭した一門の子孫、
改革派マグナート）

アントニ・スウコフスキ
（ロシア大使スタッケルベルクと密
接な関係を保つ）

ヨアヒム・フレプトヴィチ
（リトアニア大公国大法官。フラ
ンスに留学し、重農主義の影響
を受ける）

国民教育委員会　目　次

国民教育委員会　――ヨーロッパ最初の「文部省」――

はじめに

十八世紀後半の時期、ポーランド（ポーランド・リトアニア連邦国家。正式名称は共和国《ジェチポスポリタ》。以下、共和国と記す）は、様々な面で改革を迫られていた。その柱の一つは国制改革である。この成果は四年議会（一七八八〜九二年）における一七九一年五月三日憲法として結実した（この憲法については、本叢書第二巻の拙著、『［新版］一七九一年五月三日憲法』、群像社、二〇一六年、を参照されたい）。今一つの柱は、啓蒙主義普及と国民養成のための教育改革である。その中心になったのが、今からおよそ二五〇年前に創設された国民教育委員会 **Komisja Edukacji Narodowej**（本書では以下、教育委員会と略記する）であった。本書では、教育委員会による改革の概要を、主要な研究の整理と基幹となる史料の紹介と併せて論じてみたい。

この改革に先立つ十八世紀前半、ヨーロッパ諸国においては啓蒙主義が新たな改革の理念的拠り所であった。同時に、共和国においては、弱体化した国家の支柱となるような、共和国に有為な公民の養成が至上の課題になっていた。啓蒙主義に基づく、国家に有為な公民の養成を求める改革の動きは、十八世紀前半から胎動していた。ピアリスト修道会の修道士、スタニスワフ・コナルスキが一七四〇年に始めた教育改革はその先駆けになった。その後一七六四年になって、啓蒙君主スタニスワフ・アウグストが国王に選出されたことで、この動きが加速していった。そして、それらの動きが大きな改革につながる上で重要な媒介になった出来事が、一七七三年のローマ教皇庁によるイエズス会解散令であった。当時、イエズス会は共和国内に多数の教育機関を所有していた。この法令を契機に、これらの教育機関が共和国所有のものになり、それを中核として教育委員会が創設されることになるのである。その後、この委員会は二十年余りにわたってポーランドの教育制度・教育行政全般を統括し、教育の世俗化、国家管理に向けて大きな足跡を残すことになった。この機関の成立は、ヨーロッパ諸国の文部省創設に先立つものゆえに、「ヨーロッパ最初の文部省」と呼ばれている。とはいえ、成立後の委員会は、その資産運用、初等読本作成、大学から教区学校に至る全国の諸学校の運営、教員養成、視学官による学校視察など、さまざまな課題に直面することになる。以上の点を踏まえつつ、本書では以下の構成でこの委員会について述べていきたい。

第一章では、教育委員会創設前の共和国の教育制度の概観と先駆的改革について述べる。第二章では、一七七三年の委員会創設の経緯について、委員会創設の布告や教育委員の分析などを手掛かりに探りたい。第三章では草創期の委員会が抱えた課題として、身分別教育再編の問題と初等読本協会創設に関する問題を取り上げてみたい。第四章では、主に一七七六年以降に行われた大学改革の実際を、クラクフとヴィルノ（ヴィリニュス）の状況の違いを踏まえてまとめ、併せて大学で行われた教員養成とその影響について考える。第五章では中等学校の改革に関して、学校ネットワーク、主要科目の特徴、各学校での改革の浸透度を中心に考察する。第六章では、教育委員会と学校の接点として重要な意味を持つ視学官の役割と、視学官が見た当時の各地域の教員の実際について、『視学官規定』の分析と併せてまとめたい。第七章では、学校教育の起点になる教区学校が、改革によってどのように変わろうとしたのか、またその実態がどのような状況であったのかについて、『教区学校規定』の分析を交えて考える。そして終章では、改革の意義と後世への影響を考えてみたい。

本論に入る前に、研究史を概観しておきたい。教育委員会の史料として極めて重要な、各種学校の視学官報告や諸機関の議事録を体系的に刊行したのがテオドル・ヴィエジボフスキであった。地域ごとの報告を中心にあわせて二十巻以上が刊行されている。次いで、教育委員会に関する初めての包括的な研究として欠かせないのが、アンブロワーズ・ジョベール著『国民教育委員会』である（原文はフランス語、後半部分はポーランド語訳がある）。一九四一年に刊行されたこの研究は、第二次世界大戦の戦災で散逸することになった一次史料を多く用いた包括的な研究であり、現在でも不可欠な文献になっている。また一九五四年に刊行されたスタニスワフ・ティンク編の『国民教育委員会―史料集』には、委員会が発行した、或いは委員会に関する諸規定、諸宣言を初めとして、重要な一次史料の多くが収録されている。その後一九七三年の教育委員会創設二百年の時期には、レナータ・ドゥトコーヴァ、ミェチスワヴァ・ミテラ＝ドブロフスカ、ウカシュ・クルディバハ、カミラ・ムロゾフスカ、アンジェイ・ヴォルタノフスキ、スタシェヴィチ＝ヤシュコーヴァらによる概説書や論文集が相次いで刊行された。また、一九八〇年代になると、新たに編纂された視学官報告や会議録など、重要な史料も幾つか刊行された。そして二百五十周年に先立つ二〇一八年には、新たな史料集を含んだ十数巻のシリーズがポーランド学術出版社から刊行された。ここでは、カリナ・バルトニツカによる総論と史料集、アンジェイ・メイスネルらの編集の人名辞典以外に、各地域の教育委員会との関りに大きなウエイトが割かれているのが特徴である。

一方、教育委員会の個別分野に関する研究も豊富である。初等読本協会と初等読本（教科書）に関しては、ヤニナ・ルビェニツカやチェスワフ・マヨレクの研究が知られている。また大学の状況については、二〇一八年の上記シリーズの中にヤン・リシのクラクフ大学とヤニナ・カミンスカのヴィルノ大学の巻がそれぞれ設けられている。中等学校については、タデウシュ・ミツィアやムロゾフスカの研究が代表的なものである。また教員については、イレナ・シビャクやムロゾフスカの研究が挙げられる。視学官については、ハンナ・ポホスカが詳細な研究を残しており、彼女の死後一九四九年に刊行された。一方、視学官報告に関しては、ヴィエジボフスキのものを補完する形で、シビャク（リトアニア大公国、一七八七〜九三年）やバルトニツカ（ポーランド王国、一七八二〜九二年）の史料集も刊行されている。また教区学校については、ムロゾフスカやスタニスワフ・リタクの研究がその代表として挙げられよう。なお地域の特徴ということでは、ジョナス＝アントナス・ラッカウスカスによるリトアニアの教育委員会の研究に関する論文があり、貴重である。

第一章　教育委員会創設前の共和国の教育制度

十八世紀前半の共和国社会は、身分・階層による格差と、新たな社会の動きに対する対応の両面において、見直しを迫られていた。

この時期の共和国においては、シュラフタ（貴族）身分の法的な特権と平等という理念とは裏腹に、マグナート（大貴族）による寡頭制的な支配が、国政においても地域支配においても顕在化していた。議会を構成する二つの院のなかで、有力者が集まる元老院においては、聖俗のマグナートが議席の大半を占めていた。また代議院においても、マグナートをパトロンとするシュラフタ代議員が、地域のマグナートの子分として活動することが増えていった。こうした状況はマグナート寡頭政と呼ばれて、共和国社会に様々な波紋を投げかけていた。また、身分間の格差という点から見ると、中世後期以来のシュラフタの法的特権が社会全体に浸透していたため、都市民や農民が共和国の公職に就く機会は極めて限られていた。こうした、二重の意味での格差社会からの脱却の動きは、十八世紀ヨーロッパ共通の現象であったが、それを支える重要な思想的拠り所になったのが、啓蒙主義である。啓蒙主義を普及させるうえで最も重要なツールのひとつが、教育であった。そこで本章では、十八世紀前半の共和国の教育の状況と、教育委員会創設以前の先駆的な改革について考えてみたい。

（一）十八世紀前半の共和国の教育制度

十八世紀前半までの共和国において、教育の支柱になっていたのは、家庭教育、大学教育、中等教育、教区学校であったといわれる。このうち家庭教育は、一部のマグナートの子供を対象とした家庭教師中心のもので、限定的であった。当時の共和国において、もっとも重要な教育機関は、クラクフとヴィルノに設置されていた大学（アカデミーとも呼ばれる。本書では特に必要がない場合は大学と記す）、主として修道院が経営する中等学校（コレギウム）、そしてローマ・カトリック教会の教区単位で設置されていた教区学校であった。以下、これらの学校の状況を概観する。

教育委員会設立以前の大学

教育委員会成立まで、大学は大きな問題を抱えていた。一三六四年に創設されたクラクフ大学（一八一七年以降、ヤギェウォ大学／ヤギェロン大学が定着する）は、他の西欧の大学と同様、伝統的な四学部（哲学部、神学部、法学部、医学部）で構成されていた。

十六世紀の対抗宗教改革によって、大学教育は人文主義教育重視の方針が薄れて、スコラ哲学への回帰が顕著になった。また、シュラフタの多くは、大学における学問習得よりも、官職社会での昇進によって家門が栄えることを重視した。その結果、クラクフ大学の学生の出自は、地域の都市民が中心になり、シュラフタ身分の割合は大幅に減少した。もちろん、これは都市民の子供にとっては社会進出の好機にもなったのであるが、シュラフタ身分にとって大学は、必ずしも魅力的な場ではなくなった。とりわけマグナートの子供の多くは、大学よりも海外留学を選択するようになった。

また、対抗宗教改革後のイエズス会の教育分野への進出に伴って、クラクフ大学は教育、教員養成両面においてイエズス会というライバルと対峙することになる。こうした状況の中でクラクフ大学は、十六世紀末以降、傘下の中等学校の充実を図るようになった。ノヴォドゥヴォルスキ・コレギウムを第一校とするクラクフ大学の監督を受けたこの学校群は、最盛期には三一～五〇校設置され、修道院学校と競合した。これらの学校に通う学生は主に非シュラフタ身分の子供たちであった。彼らが大学で学位を獲得し、出身校で教員として教鞭を取るケースも少なくなかった。

一方リトアニア大公

クラクフ大学、コレギウム・マイウス内の会議場

ここで重要な会合や儀式が催された。大学ゆかりの人物の肖像が飾られている。（著者撮影）

ヴィルノ大学

リトアニア大公国の最高学府。当時はイエズス会の影響が強かった。（著者撮影）

国では、一五七八年に大公（ポーランド国王を兼ねる）ステファン・バトリィの後援でヴィルノ（ヴィリニュス）にイエズス会を経営母体とする大学が創設された。講義用語はラテン語であった。当初から哲学部と神学部が設けられ、その後法学部も設置された。ここでは、リトアニア語の文法書が編纂されたり、リトアニア語の書籍が刊行されたりもしたが、イエズス会が母体ということもあり、十七世紀以降はリトアニアにおける対抗宗教改革の拠点になった。学生数は最盛期に六〇〇〜八〇〇名に増加した。

教育委員会創設以前の中等学校

共和国には、東方帰一教会（ウニア）、プロテスタント教会を初め、様々な宗教・宗派の学校があった。しかし対抗宗教改革以降、カトリックの中等学校が増加していった。一七〇〇年に共和国には五九の修道院コレギウム（中等学校）があったが、一七七二年には一〇六校に増加した。主な担い手はイエズス会とピアリスト会であった。

イエズス会は、スタニスワフ・ホジウシュの招聘によって、一五六九年からポーランド王国で、一五七〇年からはリトアニア大公国で活動を開始した。一七〇〇年には、共和国全体のイエズス会学校は四七校（四六校説もあり）に増加し、各学校で一〇〇〜七〇〇名の生徒が学んでいた。教育委員会創設前夜の一七七三年には王国三五校、リトアニア三一校、併せて六六校のコレギウムを擁して、約二万名の生徒と四一七名の教員がいた。各コレギウムの教員数は十数名から一〜二名までかなり幅があった。

一五九九年以降、イエズス会学校では、『学事規程』に基づいた教育が行われた。五学年（六〜七年間）のうち、一〜三年ではラテン語教育が中心で、四年では雄弁術（修辞）が教えられた。カリキュラムは古典語、記憶学習重視で、独創性を育むものとはいえなかった。ラテン語教育には、ポルトガル人エマヌエル・アルヴァレスの難解な『文法構造について』が用いられていた。また、講義、会話を問わず学内の言語は全てラテン語であり、休憩時間ですらポーランド語の会話は禁じられたといわれる。当時ラテン語の発言能力は、学校の「卒業証書代わり」であり、社交の円滑化の要件だった。同時に修辞学（雄弁術）重視のカリキュラムは、シュラフタの政治的自由擁護に役立つものでもあった。しかし、修辞学や論理学のテキストにおいても、多くの無意味な問いが呈示され、学生たちはそれに答えることに多くの時間を費やした。哲学学修では、アリストテレス哲学が大きな比重を占めていた。歴史に関しても、マルチン・クロメルやヤン・ドゥーゴシュのラテン語年代記の読解が中心であった。一方西欧の近代科学に立脚した物理学は彼らにとって脅威であった。こうしたイエズス会の教育は、十七世紀後半以降のシュラフタにとっては、対抗宗教改革の思潮やシュラフタのサルマチア神話（シュラフタ身分はサルマチア出身の高貴な武勇に優れた血統をもっているという神話）の受け皿になるものであり、受け入れやすいものであった。

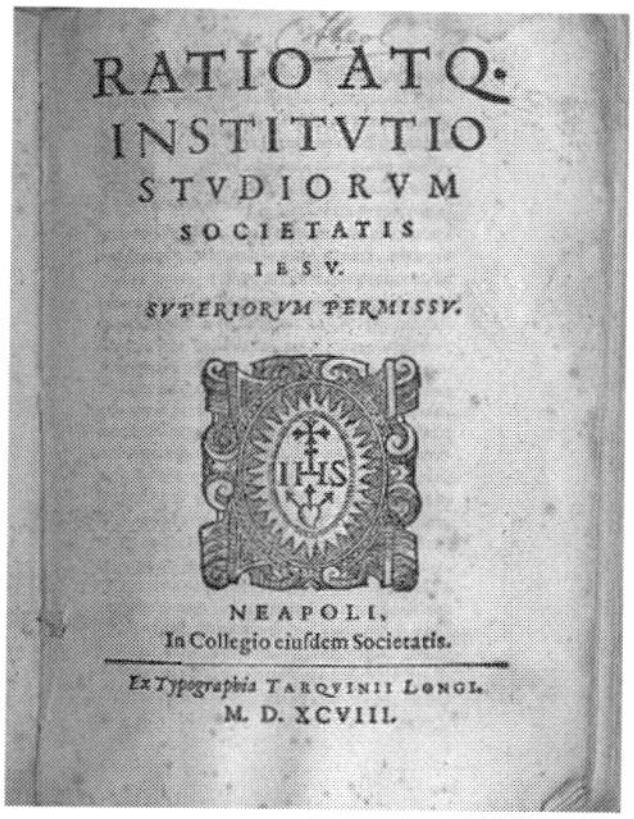

『学事規定』
16 世紀から各国のイエズス会コレギウムの教育規範となった文書

　こうしたイエズス会学校は、一部の啓蒙主義的知識人の批判の対象になった。フーゴ・コウォンタイもその一人である。彼は、『ポーランドにおける教育の状態』の中で、慣習の堕落や国家の衰退の原因をイエズス会学校の教育の日和見主義、サルマティズムや黄金の自由の神話化に帰した。同時にスコラ哲学への固執、ラテン語の棒暗記、新たな潮流の無視を非難した。

しかし、イエズス会教育が新しい試みに全く無策であったわけではない。実際十八世紀初頭には『学事規程』の部分的見直しが行われ、古典に割く時間を減らしたりもした。イエズス会が取り入れた新機軸として、学校劇場と学校地方議会が挙げられる。学校劇場は宗教、学校、政治をテーマに行われた。これは弁論術と聖書の歴史、古代史を学ぶ上では効果的であった。宗教的テーマに関しては、キリスト教の年中行事や、イエスの受難などが、ポーランド史についてもミェシュコ（歴史上の存在が判明している最初のポーランド君主）などが取り上げられた。学校地方議会では、実際の地方議会を模倣した形で議長を選び、議論を進めた。時に投票が行われることもあった。

次に、イエズス会に次ぐ勢力を誇ったピアリスト会を見てみたい。ピアリスト会は一五九七年、ローマでヨゼフ・カラサンキウスによって創設された教団である。一六四二年に国王ヴワディスワフ四世はクラクフにコレギウム創設権を与えた。その後ワルシャワ、ジェシュフ、ピョトルクフなどにも進出した。一七〇〇年には12校（ポーランド11、リトアニア1）、一七五〇年には25校（ポーランド17、リトアニア8）のコレギウムを経営した。カリキュラムは一～三年が文法クラス、四～六年が上級クラスで前者の講義語がすべてラテン語であった点、ポーランド語を用いた学生への罰則などはイエズス会と同様である。ピアリスト会コレギウムもイエズス会のそれと同様、教育の停滞に甘んじていた。にもかかわらず、両派修道院の数は十八世紀初頭と第一次分割前を比べると、大幅に増加していた。これは当時のシュラフタの学校に対する意識の反映でもあった。

次に、それ以外の団体が経営する中等学校に触れておきたい。バジリウス会の学校は一七四八年には3

校だったが、一七七三年には9校に増加した。一方、十七〜十八世紀前半の時期、クラクフ大学傘下の中等学校が29校存在した（クラクフ、グニェズノ、ルヴフ、ポズナン、ワルシャワ、ビャワ・ポドラスカ、ヴィダヴァ、ブロディ、イェドリンスク、ヴウォツワーヴェク、シェラクフ、クジェルフ、ノーヴィ・コルチン、スタニスワーヴフ、ヘウムノ、ノーヴィ・ソンチ、ミェフフ、ケンティ、ボフナ、ヴォルブシュ、ラジェユフ、ウォーヴィチ、ピンチュフ、ヴェリチュカ、キェルツェ、タルヌフ、ピリツァ、ビェチュ、チシェメシュノ、ヴォイニチュ）。他方でプロテスタントもグダンスクやトルンで学校を経営していた。彼らは高い水準を保っていた。グダンスクでは十八世紀初頭から、実験物理学、数学、法律、歴史地理などの科目を導入し、言語もポーランド語やドイツ語を中心に、フランス語やイタリア語も学べた。そのため、一部の啓蒙シュラフタはカトリックのコレギウムを捨ててギムナジウムを選んだ。トルンのギムナジウムにも、ポーランド以外、東プロイセンやシロンスクから学生が通っていた。

教育委員会創設以前の教区学校

十六世紀まで、教区学校は職業学校的な性格が強かった。しかしトレント公会議後、特に十六世紀後半から十七世紀前半のステファン・バトリィやジグムント三世の治世、対抗宗教改革の影響で教区学校の立て直しが進んだ。というのも、事実上教区学校の運営に携わっていたのはカトリック教会の教区司祭であったからである。例えば一六一二年のクラクフ司教区の会議では、教区学校拡充の方針が打ち出され、教区学校教育の二大支柱として、宗教・道徳教育と読み書き算術の教育の普及が目標とされた。スタニスワフ・コットによれば、十七世紀初め、クラクフ司教区内の91・5パーセントの司教区に教区学校があったとされる。この数字は俄かには信じがたい面もあるが、ヴィエジボフスキも、同時期のワルシャワ大司教区でも一五六教区中一二五教区に学校があったと考えている。学校数の面では、十六～十七世紀の境は学校数が二五〇〇校まで増えたという説もある。これらを勘案するとこの時期、ヴルチンスキが示すように、ポーランドの教区学校の設置率はヨーロッパの基準と比べても比較的高かった可能性がある。これは対抗宗教改革の時期、カトリック教会の初等教育に対する大きな期待感を示すものでもあった。

しかし、十七世紀半ばには一五〇〇校程度まで減少した。原因としては、戦乱の中で聖職者が教区学校経営に十分な関心をむけられなくなったこと、都市民・農民中心の教区学校へのシュラフタ地主の関心が減っていたことが挙げられる。十八世紀前半には、四三三四の司教区中一七五三（40・4パーセント）が教区学校を持っていたと言われる。またクラクフ司教区のみでは、七五三司教区中二六三（35パーセント）に学校が設置されていた。そのうち都市部は一七九中一一〇（61パーセント）、農村部は五七四中一五三（27パーセント）であった。地域別にみると、ポズナン司教区では50パーセント、ヘウムノ司教区では50パーセント以上、ヴァルミア司教区では100パーセントであった反面、マゾフシェ地方などは低率であった。第一次分割前は教区学校総数が八七〇校程度だったといわれる。

教区学校の建物は独立した家屋を持っている場合が多いが、部屋が一つで、木造であるケースも少なくなかった。都市部の教区学校では、クラクフ大学出身の教員が赴任して、ラテン語文法や時にはギリシア語の基礎も含む、広範な科目が教えられることもあったが、やはり中心はラテン文法、教会での歌の指導、典礼の返事の練習などであった。そして十七世紀後半になると、都市の教区学校の貧困化が進み、農村のそれと大差なくなっていった。ただ、都市の教区学校教員はイエズス会に対する反感はより強かった。一方、農村の教区学校の水準は概して低かった。学生数も都市部では数十名のこともあったが、農村では数名ということもあった。教員についても、特に農村では教区司祭の裁量に委ねられることが多く、雑用係的な仕事を強いられることも少なくなかったと言われている。農村の教区学校教員の中には、経済的な理由から途中で勉学を放棄した学生出身者も多かった。概して教区学校教員の俸給は少なく、それゆえ教員たちはより高い報酬を得られる学校を求めて頻繁に移動したともいわれている。

（二）十八世紀半ばの先駆的改革

十八世紀半ばになると、共和国にも啓蒙主義の影響が及ぶようになった。その伝播の媒介になったのは、啓蒙主義の影響を受けた宮廷、マグナート、聖職者、シュラフタたちであった。

また、西欧留学を通じて啓蒙主義の洗礼を受けた人々も少なくない。この時期彼らが特に関心を持ったのは重農主義であった。教育委員会の委員であるイグナツィ・マッサルスキやヨアヒム・フレプトヴィチなど、多くの領地を所有するマグナートにその傾向が顕著であった。一方、国家に有為な若者を教育する機関としての学校という考えは、近世共和国の知識人には深く根付いていた。十八世紀の知識人たちも、学校や教育を国家権力が監督することの必要性を認識していた。十八世紀半ばになると、そうした認識を実現する目的で設立された先駆的機関が生まれるようになった。二校の士官学校、それにピアリストの貴族学院がそれである。以下に、それぞれの学校の特徴を見てみたい。

スタニスワフ・レシュチンスキの士官学校

スタニスワフ・レシュチンスキは一七三三年にポーランド国王に選出されたが、同時期に選出されたアウグスト三世との内戦に敗れて、舅ルイ一五世を頼ってフランスに亡命し、ロレーヌ公国の領主として後半生を過ごした人物である。彼は一七三七年、ルイ一五世の後援でリュネヴィルに士官学校を創設する。そこで彼はスタニスワフ・コナルスキらポーランド人知識人と会い、モンテスキュー、ヴォルテール、ルソー、フリードリヒ二世などとも交流を持った。同校の『学業規程』によると、同校は三年制の貴族のための学校で、各学年の定員は四八名であった。就学対象者は一五歳から二〇歳のシュラフタに限定された。士官学校という名称にもかかわらず、国家官僚養成のための様々な科目が導入され、毎夕、教員と生徒の間でロレーヌやポーランドも含む時事問題などの議論が交わされたと言われる。ラテン語を用いた修辞教育だけでなく、フランス語やドイツ語も学習した。哲学ではフランシス・ベーコンやデカルトも引用された。軍事科目では軍組織、築城術、指揮術などが講じられた。一七七六年までの卒業生五六四名のうち、一六七名がポーランド人であった。そのうち七名が将軍になり、一二名が県知事になっている。一七八六年に教育委員会委員兼クラクフ大学校学長になるフェリクス・オラチェフスキも卒業生である。総体的にリュネヴィル士官学校は、ポーランド人シュラフタに啓蒙主義を広げる役割を果たしたといえよう。ただ、場所が共和国からは離れていたため、その影響力には限界があったことも否めない。

スタニスワフ・アウグストの士官学校

一七六五年、国王スタニスワフ・アウグストは、中流以下のシュラフタを対象にして授業料無料で、近代的プログラムに基づく士官学校をワルシャワに創設した。校舎はカジミェシュ宮殿（現ワルシャワ大学内）にあった。理事長には国王自身が、校長にはアダム・カジミェシュ・チャルトリスキが就いた。教授の中には、ジョン・リンド（オクスフォード大卒）、クリスティアン・プフライドレル（プフレイドレル、テュービンゲン大学卒、数学・物理学）、ミハウ・フベ（トルン、ライプチヒ大学卒）などがいた。

就学年齢は八～一四歳に限定された。一七七一年以降、一般教養課程が五年間、その後法律と軍事の専門課程のカリキュラムが組まれた。講義語はポーランド語であった。一・二学年は語学――ポーランド語の正書法、ラテン語、フランス語、ドイツ語などが中心で、算術、書写、乗馬も学んだ。三・四学年はそれぞれの語学の上級、古代史、ポーランド史、地理などを学んだ。五学年では語学は減り、代数、幾何、物理、建築、舞踊、フェンシングなどが加わった。そして六・七学年では、法律と軍事の専門教育が中心になった。

三〇年間で六五〇名に及んだ卒業生の中で士官になった者は、タデウシュ・コシチューシュコ、スタニスワフ・フォシェル、カロル・クニャジェーヴィチがおり、文民にはユリアン・ウルシン・ニェムツェーヴィチ、ユゼフ・ホエネ＝ヴロンスキがいた。また国王の甥スタニスワフ・ポニャトフスキ、ヤクプ・ヤシンスキも卒業生である。本校は教育委員会創設以前の時期において、一般シュ

士官学校
カジミェシュ宮殿と呼ばれる校舎は現在、ワルシャワ大学本部内にある。（著者撮影）

ラフタを対象にしたもっとも近代的で社交性・実務性を重んじたカリキュラムに基づいた学校であり、卒業生から四年議会やコシチューシュコ蜂起への参加者を多数出していることも、この学校の影響力の大きさを物語っている。

ピアリスト会の貴族学院の創設

十八世紀半ばの中等学校の新たな特徴は、修道院が経営する貴族学院（コレギウム・ノビリウム、以下CNと略記する）が相次いで創設されたことである。一七三七年にワルシャワに創設されたテアティノ修道会のCNは、のちの国王スタニスワフ・アウグストが通った学校でもあったが、教育内容における先進性は乏しかったともいわれている。その後の共和国により大きな影響を及ぼしたのは、ピアリスト会修道士スタニスワフ・コナルスキがワルシャワに創設したCNであった。

コナルスキは一七〇〇年にシフィエントクシシュ県、ジャルチツェで生まれた。伯父はポズナン司教、ヤン・タルウォであった。彼はピョトルクフのピアリスト会中等学校を卒業し、一七一五年からポドリニェツのピアリスト会中等学校の教員に、さらに一七二二年にはワルシャワのピアリスト会中等学校の修辞学教員に就いた。一七二五年、コナルスキは、ローマのコレギウム・ナザレヌムに留学した。このコレギウムは、西欧共通の士官学校の教育理念に基づく学校として知られていた。一七二九年にはパリに移り、二

ピアリスト会のコレギウム・ノビリウムの校舎
ワルシャワ、ミョドーヴァ通りに現存する（著者撮影）

年間にわたりジョン・ロック、シャルル・ロランらの教育理論を学んだ。ナンシーではレシュチンスキにも出会っている。一七三〇年の帰国後まもなく、タルウォの知り合いのキエフ司教ユゼフ・ザウスキを通じて、ポニャトフスキ家やチャルトリスキ家といった啓蒙マグナートとの交流を深めることになった。

この時期のコナルスキは、西欧の教育思想を基盤としながら、「ポーランド古来の市民理念の調和」も重んじる公民教育の普及に努めた。こうした彼の理念が開花したのがピアリスト会CNの創設（一七四〇年）であった。このCNは、富裕シュラフタ、マグナートの子供を対象にしていた。定員は六〇名であった。

CNは五学年八年制で、講義はポーランド語で行われた。ラテン語も重視されたが、キケロを模範とする古典ラテン語を理想に掲げた。一方、ポーランド語はヤン・コハノフスキ、ピョトル・スカルガ、ヴァツワフ・ポトツキを範として、サルマチア的なラテン語の混じったポーランド語が否定された点が重要である。フランス語やドイツ語も科目になった。

スタニスワフ・コナルスキ
18 世紀ポーランドの政治・教育改革に先駆的な業績を残したピアニスト会修道士

歴史に関しては、聖書に基づく歴史と並んでポーランド史が重視された。三年生からはポーランド史のテキスト講読が行われ、民族的性格、道徳的正義や愛国心が重んじられた。同時にヨーロッパ各国の近代史を通じて、隣国に関する情報も学ぶことになった。また地理では、自然地理的なものだけでなく、歴史・経済・政治との関連にも留意された。

修辞学については、公共社会との関わりをテーマに設定したことが大きな特徴である。具体的に取り上げられたテーマは、国王と国家権力、議会決議の尊重、祖国愛、専横や無秩序の克服、マグナートの汚職、外交、国家財政、商業、農民、貨幣問題、都市、軍隊など多岐にわたっていた。

このようなCNの教育に基づいて、コナルスキは一七五二〜五四年になると、ピアリスト会の一般中等学校（コレギウム）の改革に着手した。この学校は六年制でその後二年間の哲学クラスが設けられていた。ポーランド語やフランス語、ドイツ語などの導入、ポーランド史の導入などはCNと共通するが、CNと比べると改革の度合いは緩やかであった。マグナートの子供中心のCNと異なり、多くの生徒の出身が中流シュラフタ中心であったため、家庭の保守的な見解を考慮したということも考えられる。

以上がピアリスト会のCNならびに中等学校の改革の大要である。改革の意義としては、西欧の教育理念の本格的な導入と、ポーランドの民族教育の重視、共和国が抱える諸問題の学校教育への反映といった点が挙げられる。またCN出身者には、イグナツィ・ポトツキやスタニスワフ・コストカ・ポトツキがおり、一般コレギウム出身者では、オヌフリィ・コプチンスキ、フランシチェク・クサヴェリィ・ドゥモホフスキ、さらに生徒であり教鞭も取ったのがアントニ・ポプワフスキであった。

イエズス会修道院とシュラフタ・コレギウム

ピアリスト会のCNに対抗して一七五二年、イエズス会もCNをワルシャワに創設した。この学校は、校長アダム・チェチェルスキを中心に、フランチシェク・ボホモレツ、カジミェシュ・ナルシェヴィチなど、外国での教育経験が豊富な教員が教鞭を取った。のちには、歴史家のアダム・ナルシェヴィチや数学者のヤン・アルベルトランディも教授陣に加わった。一七六〇年代の全盛期には、スタニスワフ・アウグストの援助も受けていた。定員数はピアリストCNの六〇名に対して二四名と少なく、教育が行き届いていたことが推測できる。カリキュラム面では、ラテン語教育はピアリストCNと同様、キケロを中心とする古典ラテン語重視であった。歴史に関しては、古代・近代世界史は教えられるが、ポーランド史の講座はなかった。これはコスモポリタン的イエズス会の名残といえるかもしれない。

生徒の中には、多くのマグナートの子供が通っていた。CNは、その後リヴィウ、ヴィルノ、オストルク、ルブリン、ポズナンにも作られたが、イエズス会ではピアリスト会と異なり、この新しいカリキュラムが一般コレギウムに広がることはなかった。

ワルシャワ、聖カジミェシュ教会に隣接するイエズス会コレギウム（右側の建物。著者撮影）

本章では十八世紀前半の共和国の教育制度の概観と、萌芽的な改革の特徴をみた。こうした状況の中で、教育委員会改革はどのように進められたのだろうか。

第二章　国民教育委員会の創設をめぐって

（一）解散令布告と共和国の対応

一七七三年七月二一日、ローマ教皇クレメンス一四世がイエズス会解散令に署名した。この命令は八月一六日にローマで発布され、各国の教皇大使に通知された。ワルシャワ駐在の教皇大使ガランピから解散令を伝えられたポズナン司教アンジェイ・ムウォジェフスキは、九月一〇日にこの知らせを国王スタニスワフ・アウグストに伝えた。

宗教改革以降もローマ・カトリックの勢力が強かったポルトガル、スペイン、フランスなどの国々では、元々イエズス会の勢力も強大であった。しかし、これらの国々は同時に王権も強力であり、上述のイエズス会解散令以前に国家権力によってイエズス会による学校教育が禁じられ、イエズス会士も追放されていた。ポルトガルではポンバル侯爵によるイエズス会に対する弾圧が進み、一七五九年に全土からのイエズス会士追放と財産の全面的没収が行われた。フランスでは、高等法院の反イエズス会的な政策に対して司教会議が対抗していたが、最終的には国王ルイ一五世が高等法院の主張を呑んで、一七六四年一一月にフランスとその植民地のイエズス会を廃止した。その際イエズス会士は追放され、他の修道院聖職者に教育のイニシアティブが委ねられた。少なくともこの時点でフランスにおいては、国家による包括的な教育制度は確立されていなかった。スペインの場合は、アランダ伯を中心にイエズス会への迫害が顕著になり、民衆暴動の罪をイエズス会に押し付けた後、一七六七年一月に全土からのイエズス会士追放が行われ、数千名規模のイエズス会士がローマに追放された。このように上記三国においては、教皇の解散令を待たずにイエズス会士の多くが追放され、教育機関の大半が一般聖職者もしくは他派修道院に委ねられた。

その後、前述の教皇クレメンス一四世によるイエズス会解散令が発布された。この解散令の後にイエズス会に対する対応を進めたのがオーストリアやポーランドであった。両国は、イエズス会士を追放せず、教育制度の世俗化に彼らを活用する方策を選択することになった。オーストリアでは、視学官と教員養成専門学校を備えた、文部省に相当する宮廷教育委員会が一七七三年に創設された。その後オーストリアでは、プロイセンから招聘されたヨハン・イグナツ・フェルビガーによる初等教育改革が進展した。だが、中等学校以上の学校を含んだ、包括的な国家による教育集権化の動きは、むしろヨーゼフ二世の時期に本格化するといってよいであろう。これに対して、ロシアやプロイセンはイエズス会解散令が実行されなかった。とりわけロシアにおいては、ベラルーシのカトリック教徒擁護のためにイエズス会コレギウムが存続した。

実は共和国でも、解散令を無視すべきだという意見も議会内には根強く見られた。しかし共和国では、国王スタニスワフ・アウグストのイニシアティブで、旧イエズス会資産を国有化し、そこから国民教育の費用を捻出することに成功した。国王派の意向に沿う形でイエズス会解散令を受け入れたということは、国家主導の教育改革という点では、大きな前進であった。一方、修道士は追放せず、国家教育に可能な限り連携させるという指針も受け入れられた。その後国王は、側近とともに委員会の計画と議会法の文案を練った。さらに、諮問機関である木曜午餐会（昼食会）で委員会創設の考えを表明し、議会代表団を通じてこれを可決させようとした。すでに議会ではこの問題が審議されていたが、九月二七日の代議員クジェニェツキの演説では、資産の問題は議会が決めるべきであるが、教育の問題を統率すべきなのは議会に責任を負う国王であると主張した。この見解に異を唱える者はいなかった。一〇月六日からの議会審議で可決されたこの草案は、一〇月一四日の「国民教育委員会に関する法」に結実する。

このように、委員会創設に向けての段取りが比較的順調に進んだ背景の一つには、分割条約の批准を急ぐことを望んだ近隣三国が、委員会創設を取引の材料としたことも挙げられる。国王、ロシア公使スタッケルベルク、議会、有力な大貴族の多く、近隣三国、国内のカトリック教会がいずれも、委員会創設とイエズス会資産の国有化に賛成したことは、ポーランド独自の現象であり、今後の委員会の活動にとっては大きな追い風になった。

さて、一〇月一四日に共和国議会で「国民教育委員会に関する法」が可決されたことをうけて、一〇月二四日に教育委員会に関する布告が出された。その布告全文を以下に訳出する。

【史料1】一七七三年一〇月二四日の布告

ポーランド王国、ならびにリトアニア大公国の国民教育委員会

厳しい状況と厄介な障害は、共和国の立法的配慮を前にして、あらゆる国民にとって最重要で、もっと

も必要で、人類社会の本質的な守り手となるものを隠蔽することはできない。共和国は、若者の鍛錬と教育が、国家の持続的な幸福にとって唯一の条件であることを認める。その慈愛なる母（である共和国）は、共和国が多くの市民にとって破壊された状態にあるので、彼らが自ら（共和国に）奉仕する能力を養い、準備するために、自分たちの完全な安全が確立されなくてはならないことを感じ、知っている。憐憫に値する共和国国民諸君、その注意深さと配慮を自らの言葉で表明しようではないか！　共和国に忠実に規定された以下の布告を、敬意をもって読んでほしい。

シュラフタ国民の若者の教育を監督するための委員会の創設

すべてのキリスト教国家に対して発布された教書は、近々共和国でも発布されるが、そこでは、教皇はイエズス会修道会の教育機関を廃止することになっている。イエズス会士たちは国内で若者の教育を対象とした資金の大半と、多くの法令によって共和国の許可を得た多くの教育機関を維持していた。それゆえ、こうした状況の中で、共和国は国内の若者の教育に関して、また資産に関しても損害を被らないために、以下のような布告を定める。

第一条

我々は、国王陛下の保護の下で、シュラフタの若者の教育を執り行うための委員会をワルシャワに創設する。この委員会には、元老院議員並びに大臣職の以下の者たちを任じる。（訳注　具体的な人名部分は略）

この委員会は、既述のヴィルノ司教閣下（訳注　イグナツィ・マッサルスキ）、また彼が欠席の際は序列第一位の委員の主宰下で執り行われる。今回任命された委員たちの任務は、一七八〇年の通常議会まで続くことになる。その後は、共和国諸身分の同意を経て、同一人物もしくは新たに選任された人物が六年任期でその任務を遂行する。委員のいずれかが死去した場合、或いは官職を辞任するか解任された場合は、国王陛下が一七六四年の財政・軍事委員会で規定された方法で他者に交代させる。以後、すべてのアカデミー（大学）、ギムナジウム、アカデミー（大学）付属学校、公立学校は例外なく、学校内でのシュラフタの若者のための学問や課題の向上については、この委員会の監督命令下に拘束されうる。またこの委員会の活動に関する布告の作成も、我々による承認と改善に託される。

第二条

イエズス会の不動産、動産に関しては、王国とリトアニアの連盟議長が、必要に応じてコレギウム毎に二名かそれ以上の資産査察者を任命する。彼らはコレギウム内の館、家屋、伝道所、その他あらゆる資産の査察を行う。その作業の際は、費用の節約のためにコレギウム、館、家、資産の近くに定住している公民を用いる。

彼ら査察者は、その査察に際して明確に以下のことを誓う。彼らは査察を行う前に、コレギウム所在郡の都市の法務局に、指示書に添付され、我々が認めたテキストに基づく誓約を行い、査察活動と同時に活動自体の証明を国民教育委員会に提出しなくてはならない。しかし、以後も衣装と慣習を保つことになる聖職者に対する管理、教会ごとの祈りの維持、教会の用具の知識については、（司教直属の）教区管理司祭の出席が必要になる。それゆえ、グニェズノ大司教や司教たちには、そうした行為の能力のある聖職者を選び派遣することができる。彼らはまた、共和国の査察官によるあらゆる教会の用具の登録にも立ち会うことができる。

共和国から派遣された査察官たちは、あらゆる問題や疑いが生じた場合、上述の教育委員会に照会することが義務付けられる。その報告は査察終了後二か月以内に済ませなくてはならない。それまでに査察官の報告全文が我々に示される。

しかし、共和国が最終的にこれらすべての条例を施行する前に、公共の学校が機能を停止することがないように、在俗聖職者になる予定のイエズス会修道士が適度な食料や衣装なしに、またその間の報酬が払われないことがないように、講座指導者や見習いもそうならないように、彼らが来る条例によって労働や公共奉仕の必要がなくなることのないように、他の衣装（訳注　つまり他の職業）に着替えるすべもなく、両親や親戚の家を頼りにすることのないようにしなくてはならない。また高齢で労働能力のない世俗教員が生活に困らないように、一人につきイエズス会資産から得られる収入の中から三〇万ズウォティを充てることにする。この額は、上記二か月の間、上記のような必要に対して教育委員会の自由裁量のもとにある。

新しい委員会に任命された我々にとって、これは最も尊重すべき法令であり、愛すべき同胞の皆様にとって、これは慈愛に満ちた母（共和国）の配慮である。愛すべき同胞よ、この方法――共和国にとってのこの素晴らしい支柱――だけが我々を守るのだ。最大の熱意と努力をもって共和国に貢献せよ。共和国は我々に、素晴らしい子孫を準備する可能性を与えた。我々は、この祖国に報いる唯一の手段を死守しよう。かくして我々共通の望みを統合して、この救いをもたらす事業に取り組み、共和国で廃れていた願いを可及的速やかに復活しよう。しかし、学問の模範や素晴らしさの規範は外から達成できるものではない。高貴なる若者たちよ、自分たちの国王をご覧なさい。彼の中にすべてが存在する。王は汝の教育の保護によって、自ら誉れある職位の中に閉じこもるつもりはない。

それゆえ、我々に与えられた効力に基づいて、我々は全てのアカデミー、学校、学問に関わるあらゆる場所に対して、いかなる中断も認めず、教員も生徒も穏やかな勤勉さのなかで我々の命令を待ち受けることを薦めたい。我々は校長とあらゆる上層部に対して、六週間以内に自らの管轄する学校や学問の状態をこの上なく詳細に記述し、我々——国民教育委員会——に送るように厳密に義務付ける。

同時に我々は、普遍的な善への愛に基づいて、校長と上層部に対して以下のことを懇願する。すなわち各々にとって最良と思える学問改善の観点から自分の考えを我々に示すことである。その際、彼らの助言の中にある、公民教育にとって本質的に有益だと見受けられることとならなんでも、考案者への感謝の念を保ちつつ、すべて活用し損じはしないことを請け合うべきである。

ワルシャワ、一七七三年一〇月二四日

イグナツィ・マッサルスキ公（クニャジ）、ヴィルノ司教、委員長
ミハウ・ポニャトフスキ公爵（クションジェン）、プウォツク司教
アウグスト・スウコフスキ公爵（クションジェン）、グニェズノ県知事
ヨアヒム・フレプトヴィチ、リトアニア大公国副大法官
イグナツィ・ポトツキ、リトアニア大公国大書記官

アンジェイ・ザモイスキ、白鷲勲章受章騎士

（二）教育委員会委員の構成と設立に関する布告の特徴

以上が国民教育委員会設立に関する布告である。

この布告の特徴について、以下の諸点から分析してみたい。一つは第一条で触れられていた八名の第一期（任期六年）の委員の構成である。委員会の構成員については議会外で、国王がスタッケルベルクや他の顕官たちと交渉して合意された。この八名には、上記史料に記されている六名以外に、騎士身分（代議員身分）から、ポドレ地方長官アダム・カジミェシュ・チャルトリスキ、コパニェツ代官のアントニ・ポニンスキが加わっている。

まず、肩書の面から見ると、八名のうち元老院所属が四名、代議院出身者が四名である。しかし、後者のポトツキとチャルトリスキは、元老院所属の四名と肩を並べる、共和国における最有力マグナートである。またザモイスキもヤン・ザモイスキの末裔であり、一七六四年の招集議会での発言や法制的な知識で知られる有力マグナートであった。その点から見ると、この委員会は、当時共和国で最も影響力を持つ啓蒙マグナートが結集した集団といえよう。

また、ワルシャワ駐在ロシア公使スタッケルベルクとは、マッサルスキやスウコフスキやポニンスキが密接な繋がりを持っていた。マッサルスキが初代委員長に選出され、当時全く無名であったポニンスキが委員に選ばれた背景には、こうした事情も絡んでいたともいえる。

次に国王との関係では、実弟であり親ロシア政策でも共通していたミハウ・ポニャトフスキが大きな後援者になった。またチャルトリスキと国王は、士官学校の活動で協力関係にあった。

啓蒙主義の受容と直結する西欧留学・遊学は、ポニンスキ以外の全員がそれに該当する。滞在国ではフランス（マッサルスキ、フレプトヴィチ、チャルトリスキ、ザモイスキ、ミハウ・ポニャトフスキ）が最も多く、イタリア（チャルトリスキ、ポトツキ、ミハウ・ポニャトフスキ）、ドイツ（ザモイスキ、チャルトリスキ、ポトツキ）などがそれに次いだ。また重農主義の受容という点では、大公国に広大な領地を持つマグナートであるマッサルスキ、フレプトヴィチがその名を知られていた。そして何より、国王スタニスワフ・アウグストが王宮の間を提供して頻繁に会議を開催し、財政的援助も惜しむことなく、教育委員会を全力で支持していたことは大きな後ろ盾となった。

次に、布告の内容分析から見た特徴を挙げておきたい。第一の特徴は、国王と議会に責任を負う形での委員の任命が謳われていることである。これに基づいて、委員会の共和国の中での正統性が担保される。国王のもとでの共和国の繁栄を維持するための委員会という性格が強調されている点は、スタニスワフ・アウグストの教育委員会に託する思いの強さを物語っているということもできよう。また、旧イエズス会資産に対する査察と定期的な結果報告の義務付けがなされている点も重要である。これによってイエズス会解散前からの一定の財政基盤の継承が保障されることになる。他方で、旧イエズス会士に対する保護、保障の義務付けもなされている。この点は、国外にイエズス会士を追放したポルトガル、フランス、スペインとは対照的であった。今一つ重要なのは、学校に対する視学の実施と学校側からの教育委員会に対する様々な意見表明を求めている点である。これによって、委員会と学校の双方向からの協調性が構築される。

教育委員会は会議の議事録を作成していたが、その議事録から判明するのは、委員たちが真剣かつ慎重に任務に取り組んでいたことである。教育委員会の活動全体で八七九回の会議が開かれたが、一年目は一一八回、最初の三年間では二四四回の会議が開かれた。一七七三年一〇月一七日の最初の会議において、委員たちは委員会の原則として「友情、全会一致、秘密主義」の理念を掲げ、国王への恭順と各地域からの報告書の提出を行うことなどを定めている。その後の会議は概ね王宮で国王の隣席の下で行われたが、財政問題、各地の視学官からの報告の上程なども含まれている。

こうして、国王を中心として、国王と議会に責任を負う、共和国を代表する啓蒙マグナートを結集した委員会が発足した。少なくとも国家とのつながりという点においては、この委員会はヨーロッパ各国の同様の機関を先取りするものであったということが出来るだろう。

ワルシャワ王宮

国王スタニスワフ・アウグストの公務の場であると同時に、国民教育委員会の会議がここで催された。

（著者撮影）

（三）旧イエズス会資産をめぐって

ここで、第二条で触れられているイエズス会資産の問題についてみてみよう。

解散令が出された後、多くの旧イエズス会関係者は財産分与を求めた。こうした状況を憂慮して、一七七三年一〇月、王国の委員長にはポズナン司教ムウォジェヨフスキを、リトアニア大公国にはマッサルスキを委員長とする両地域別個の資産分配委員会が創設された。まもなく作成された資産目録で見積もられた額は以下のとおりである。

解散直前のイエズス会の年収は、ポーランド王国三八万六〇〇〇ポーランド・ズウォティ、リトアニア大公国四九万四〇〇〇ポーランド・ズウォティ（以下、ズウォティと略記する）であった。また、資産総額は、ポーランド地域五三〇万ズウォティ、リトアニア地域二四〇万ズウォティであった。七四年三月二日には最初の予算案が作成された。その内訳は下の表のとおりである。年間総支出として一九五万六八〇〇ズウォティが見積もられた。なおここでは、併せて二五八〇校が機能していることを前提に予算が組まれたが、実際に開校していた学校はこれより少なかったので、予算には若干余剰が生じた。

ヴィルノ大学	150,000
クラクフ大学	150,000
科学芸術アカデミー設立費	70,000
県学校費	1,190,800
（各校）	（45,800）
郡学校費	104,000
（各校）	（2,000）
教区学校費	250,000
（各校）	（100）
雑費—図書館	18,000
対外渡航費	24,000

（単位：ポーランド・ズウォティ）

しかし、分配委員会の活動には、会計的に不明瞭な部分も払拭できなかった。とくに疑惑の目が向けられたのが、リトアニアの委員長であったマッサルスキである。彼に対する追及は、一七七七年にユゼフ・ヴィビツキが視学官として派遣され、マッサルスキの財政管理を検証することで公になった。その結果、マッサルスキが管理するリトアニア金庫の資金の一割にあたる五万一九三九ズウォティが消失していることと、委員会から引き出された借金の清算がなされていないことが判明した。また、分配委員会などによって行われた不正、浪費などによって旧イエズス会資産九〇〇万ズウォティのうち二〇〇〇万ズウォティ程度が減少したと見積もられた。最終的にマッサルスキはこの借金を返済したが、この問題の責任を取る形で事実上委員長職をミハウ・ポニャトフスキに譲ることになった。とはいえ、その後の教育委員会の資産の推移をみると、これは経営に致命的な打撃を与える額とまではいえなかった。それらを勘案すると、総じて委員会の資産は、全国の教育制度を維持するに足る資金を確保していたといえよう。

第三章　草創期教育委員会の諸問題

創設直後の三年間、マッサルスキの委員長時代におけるとりわけ重要な課題は、身分別教育に対する対応と初等読本の策定・政策・配給であった。次にこの二点を見てみよう。

（一）身分別教育を再編する試み

委員会創設時に議論の対象になったのは、当時の共和国社会の基盤であった身分制（シュラフタ、都市民、農民諸身分）の区分を教育制度の中でどう扱うかという問題であった。委員会に関わった人々の間でも、この点での相違が見られた。たとえば、アダム・チャルトリスキは、教区学校は全ての身分に必要であるという見解を持っていた。またイグナツィ・ポトツキは、家で教育する余裕がない貧困シュラフタを対象とすべきと考えた。さらにマッサルスキは重農主義の信奉者で、教区学校教育充実を主張した。一方スウコフスキは、教区学校は農民と都市民の子供に必要であり、彼らに義務教育を施すべきと考えた。指導者の間でも上記のような見解の相違が見られた。一方、一七七三年一〇月の教育委員会による公募に基づいて三つのプランが提出されたが、そこでも身分別教育に関して意見が出されている。

ひとつは、フランチシェク・ビェリンスキの『一五の書簡から成る教育方法論』である。ここでは、教区学校の対象者は農民と都市民に限定され、中等学校はシュラフタに限られ、身分別教育がカリキュラムに強く反映されていた。

一方、アドルフ・カミェンスキは『公民教育論』を作成した。ここでは教区学校の対象身分は限定されなかった。八年生の中等学校では、農民、都市民、貧困シュラフタの進学も認め、進学の意思のない者は前半のみ、国家官吏の道を目指す者は専門科目を中心とする後半部に進学する。ここでは身分別教育再編への一つの指針が示されていた。

また、ピアリストCNで学び、コナルスキの薫陶を受けていたといわれるアントニ・ポプワフスキは『公民教育の管理と向上について』を提出した。この中で彼は、農村社会の受け皿として、広範囲の身分が参加しうる教区学校を構想した。そしてその実現には、四マイル以内に最低一校の教区学校が必要だと考えた。加えて、教区学校を二年制と四年制に分けて、進学しない者は二年で卒業したあとで、学業を農業に生かすことも唱えられている。これは、身分による区別ではなく、能力と学資力による区分ということができるだろう。また、中等学校で特別な学力を認定された者は、大学への進学が許されるとされた。この案のもう一つの特徴は、教区・中等学校ともに、キリスト教道徳と同じ時間数で公民道徳が教えられる点である。彼は、「将来祖国への奉仕に寄与すべき子供として、あるいは公民として、政治的義務や法規を体得することは必要である」と述べている。

このように、三者のプランにおいては民衆教育の重要性という点では共通していたが、身分別教育再編の主張はカミェンスキとポプワフスキに著しく、ビェリンスキにはほとんど見られなかった。こうした方向性の相違がその後の教育委員会の政策にどのように生かされていくかについては、以下の章で論じていきたい。

（二）初等読本を巡る問題

国民教育委員会が新たな改革を進めていく際に、学校現場で喫緊の課題になったのが、どのような初等読本（教科書）を用いるのかという問題であった。この問題に関しては、委員の中で特にイグナツィ・ポトツキが関心を抱いていた。ポトツキは、初等読本選定・作成のための委員会を設けることを立案した。初等読本協会 Towarzystwo do Ksiąg Elementarnych と呼ばれるこの協会最初の会合は一七七五年三月七日に開かれ、一七八八年にかけて最も活発に活動した。

ここで、初等読本協会の開会宣言の全文を訳出してみたい。

【史料2】 初等読本協会の開会について

一七七五年三月七日、朝一〇時にワルシャワのザウスキ公共図書館において、教育委員会によって設立された初等読本協会の最初の会合が開催された。そこには、この協会に任命された人々、三名の教育委員、この式典の客人たちが出席した。

会合は、リトアニア大公国大書記官でこの式典の議長でもあったイグナツィ・ポトツキの、以下のような演説で始まった。

「貴顕なる諸兄。教育委員会は教科書の必要性を認識し、設立当初からそれを国民学校（訳注　教育委員会傘下の学校）に供与する必要を確信していたが、我々の労力を散漫にさせる様々な仕事や、成果に水を差す諸々の対立が、その目標を実現することを阻んで来た。しかし、障害は残っているにもかかわらず、二月一〇日の会議における初等読本協会の設立は、我々にその課題を実現することを促す好機のように思える。そして、その使命のために諸兄たちは選ばれ、結束し、試されているのだ。我々は信頼に気を配り、尊敬のために深く配慮しなくてはならない。諸兄の作業が祖国にとって効用あるものになるとしたら、我々は諸兄に借りを作ることになる。諸兄たちの作業に関して規定される以下の法令を注意深く聞いて、穏やかに履行してほしい」。

初等読本協会の創設

1　教育委員会は、初等読本と学年毎の読本を作成、検定、出版するという有益な考えを実行に移すため、この任務のために選ばれた人々のために以下のような規則を設けることを定めた。

2　協会は、一〇名の発言権を持つ学者で構成される。しかし自身が教育委員である場合は、当協会委員として会議に参加して発言することができる。

3　会議の議長は二票を持つ。議長は常に教育委員の一人がなる。

ザウスキ図書館
初等読本協会の本拠地になった

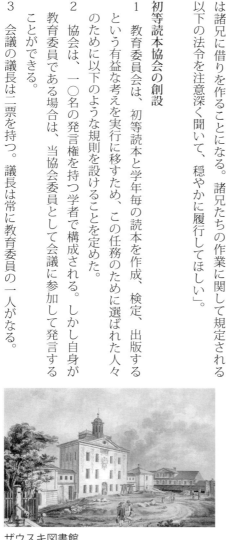

4　初等読本や学年毎の読本を選定する人々は、教育委員会が定める場所に毎週火曜日一〇時に集合する。

5　いかなる会議も、議長と、協会の中で参加権と議決権を持つ三名の出席なくしては開会できない。

6　会議には外部の者も出席できるが、会議が非公開の議事に移行した場合は、議長はその者に退場を求める。

7　すべての会合の結果は議事録に記される。議事録も報告書も、そのために任命された者によって記される。その者にはピラモヴィチ司祭が任命される。

8　多数決での意見に従って、議長は議事録や報告書に署名する。

9　議長は、最大限の秩序を保ちつつ、教育委員会から提案された議案を上程する。それらの議案は常に教育委員会の採決に基づいて提案される。協会は教育委員会から提案され、議長から出された議題以外を取り扱うことはできない。

10　教育委員会の採決に基づかないいかなる議案も審議できないが、もし協会が自己の会合で何らかの審議が必要な（独自の）案件を見出す場合は、秘書官が指定した報告書の形で教育委員会に上申し、結果を待つこととする。

11　毎月、協会の活動記録は議事録の形で提出され、教育委員会の審議にかけられる。この毎月の報告以外にも、教育委員会はいつでも議事録を審査する自由を保持する。

12　会議において何らかの反対を受ける可能性のある事案が出た場合は、書面による意見でもって決定がなされる。

13　協会の休日は（中略）五月一日から八月末日までとする。

14　この制定された規則について、教育委員会は結果として有用性を意図する目的のために必要な事だと思われる場合は、その全ての配布、改善、変更の自由を有する。

二月一〇日　ワルシャワ

以上が初等読本協会の開会宣言である。この宣言に引き続き、イグナツィ・ポトツキが演説したが、その中で彼は、学問を修めるために、各生徒のキリスト教徒として、人間として、公民としての必要性を肝に銘じるべきであること、また教科書の学問の分類に際しては、フランシス・ベーコンが示し、百科全書派が改訂した人間の能力秩序が薦められることを説いた。その後、初等読本協会の秘書官に選ばれたグジェゴシュ・ピラモヴィチは、月一度の議事録作成を義務付けられたが、初等読本協会の使命について「我々が肝に銘じるべきは、初等読本の供給を通じて、教育や美への嗜好は、理性の力によって、美徳の愛好、不動の正義の移植、祖国愛をシュラフタの精神に吹き込むことに向けられるということである」と語った。

ここで、この宣言の特徴をまとめておきたい。まず初等読本協会の教育委員会内での位置づけであるが、教育委員会委員が議長を務めることがそれを端的に物語っている。すなわち教育委員会の影響の強さ、初等読本協会の教育委員会への従属性の顕著さである。それは、議題提出権が事実上教育委員会にあること、また教育委員会による初等読本協会に対する議事録審査権にも示されている。加えて、反対の出る可能性の強い法案は書面での返答を求めるという規定は、不都合な意見を封じる意味合いも含んでいるともいえよう。

次に、初等読本協会の構成員についてみてみたい。この協会の議長であり、事実上の指導者になったの

グジェゴシュ・ピラモヴィチ
旧イエズス会士。初等読本協会秘書官。同協会の中心人物の一人

が教育委員でもあったイグナツィ・ポトツキである。彼はピアリスト会CNの卒業生でコナルスキ改革の申し子でもあった。同時に初等読本作成を指揮しうるだけの専門能力も備えていた。また木曜午餐会にも参加して、国王との繋がりも深かった。

初等読本協会設立当初のメンバー（九名）は以下のとおりである。

グジェゴシュ・ピラモヴィチ（旧イエズス会士）　イグナツィ・ポトツキの支持をうけて初等読本協会の活動に参加した、初等読本協会中の最重要人物である。初等読本執筆者の選定や執筆の働きかけを初めとして、初等読本協会活動全般に大きく貢献した。また彼は、中等学校の修辞（雄弁）科目の初等読本も作成し、一七八七年には『教員の義務』も書いている。一七八八年に協会委員を辞職する。

アントニ・ポプワフスキ（ピアリスト）　ピラモヴィチに次ぐ第二の重要人物である。彼はピアリスト会のCNにおいてイグナツィ・ポトツキの教師であった。また、重農主義の最も熱心な唱道者の一人であり、教育委員会の理念を具体化する際の重要人物であった。ただし、教員養成専門学校の仕事と掛け持つことになった。

ヤン・アルベルトランディ（旧イエズス会士）　スタニスワフ・アウグストの側近であり、啓蒙誌『モニトル』の編集者でもあった。初等読本協会では主に、歴史、経済の教科書の審査やローマ史のテキ

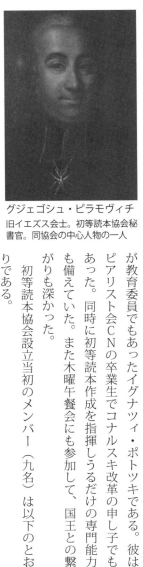

スト選択に協力した。

グジェゴシュ・クニャジェヴィチ（旧イエズス会士）　マッサルスキに仕えた数学者であり、数学初等読本作成に携わった。また、歴史、経済分野でも外国文献の翻訳を行った。

ユゼフ・コブランスキ（旧イエズス会士）　歴史、自然、農業、物理、数学の初等読本作成に携わった。

カジミェシュ・ナルブット（ピアリスト）　リトアニアのマグナートで、スタニスワフ・アウグストの保護を受けていたアントニ・ティゼンハウズの家庭教師としてパリに滞在した。チャルトリスキ家との関係も深い。中等学校の数学初等読本作成に尽力したが、数学以外にも広い関心を持ち、ポーランド人で初めて論理学の初等読本を執筆した。

シュチェパン・ホウォフチツ（旧イエズス会士）　元ワルシャワのイエズス会ＣＮの教員。

クリスティアン・プフライドレル（ドイツ人プロテスタント）　士官学校で学術監督を務めた。数学、物理学、幾何、論理学の初等読本作成に貢献。その後ポーランドから出国する。

アダム・ヤクキェヴィチ　士官学校の歴史教員であった。

また、一七七七年以降に新たに加わった一三名の中には、フーゴ・コウォンタイも中心的役割を期待された。しかし後述のように、クラクフ大学の改革活動に忙殺され、初等読本協会の活動には大きく関与しなかった。それ以外ではポーランド語文法の初等読本作成に貢献したオヌフリィ・コプチンスキ、医師、自然科学者として植物学教科書作成に貢献したパウェウ・チェンピンスキ、プフライドレルの後任として初等読本協会の活動に加わったシモン・ルイリエなどが挙げられる。

総勢二二名のメンバーの出自をみると、コウォンタイ、ヤン・クルク、ユゼフ・ボグチツキなどの聖職者が参画したことも重要である。また、パヴェウ・チェンピンスキ、ミハウ・フベ、イグナツィ・ポトツキ、クラウディウシュ・ルイリエなどの世俗の作成者の影響力も無視できない。ピアリスト出身者が六名（コプチンスキ、ナルブット、ポプワフスキ、スクシェトゥスキ兄弟、イグナツィ・ザボロフスキ）、旧イエズス会士が六名（アンジェイ・ガブロンスキ、アダム・ヤクキェヴィチ、ユゼフ・コブランスキ、イェジ・コジミンスキ、ピラモヴィチ、ホウォフチツ）を占めていた。また士官学校教員も二名含まれていた（プフレイドレル、ヤクキェヴィチ）。初等読本協会の活動を担った人々の過半数が、十八世紀半ばの上記三団体の出身であったことは、教育の実践活動において、教育委員会成立以前の共和国の教育活動と成立後の活動の連続性を強く物語るものといえよう。

ここで、初等読本の準備作業について触れておきたい。各初等読本は公募もしくは委託の形で編纂された。費用の関係で基本的にはポーランド人に執筆を依頼した。とはいえ本の水準を保つには、幾つかの科目では外国人執筆者（ルイリエ、ヤン・フベ、フルゴールなど）のものが必要であった。その内容を翻訳する作業などがあり、出版は予定よりも遅れることになった。結局一七七六年までに二三点の応募があった。この草稿を全委員が目を通して意見を出し合い、その後三名の委員が最良の初等読本を選ぶという形をとった。初等読本協会が得た手稿の初版は、初等読本協会メンバーによって何度も推敲されて書き直された。格好の例が国民教区学校用読本であった。その出版にはアルベルトランディ、ポプワフスキ、ナルブット、プフライドレル、フェリクス・ウォイコ、ヤクキェヴィチなど、多くの初等読本協会メンバーが関わった。また個々の部分に関しては、ピラモヴィチ（道徳学）、コプチンスキ（読み書き）、ガブロンスキ（算術）が担当し、ホウォフチツとシェラコフスキが全体を取りまとめた。

作成する科目としては、日常活動で実践的に役立つものが優先された。初等読本の種類は、生徒を対象にした読本（参考書を含む）と、教員が指導要綱として用いる教員読本の二種類が作成された。結局一七九二年までに刊行できたのは一七点の読本、六点の参考書、六点の教員読本あわせて二九点であった。この点数は送られてきた原稿の半数程度に過ぎない。特に地理、化学、美術史、衛生学、園芸学、農学、鉱物学、近代語の教科書は出版されなかった。著者の最終的な同意が得られなかった、ポーランド人に当該分野の専門家がいなかった、学術用語において翻訳ができるポーランド人が不足していた、テキストの水準の低かったことなどが原因として挙げられている。

ここで一七九二年までに刊行された教科書、参考書、教員読本のリストを挙げてみたい。

【初等読本】　＊太字は一七八〇年までに刊行されたもの（三点のみ）

コプチンスキ『国民学校用文法―第一学年』（一七七八）

コプチンスキ『国民学校用文法―第二学年』（一七七八）

コプチンスキ『国民学校用文法―第三学年』（一七八三）

コプチンスキの文法書は、それまで全権をふるっていたアルヴァレス（十六世紀ポルトガルのイエズス会士）がリスボンで出版した文法書に対抗して出された、新たな方向性を持った文法書で

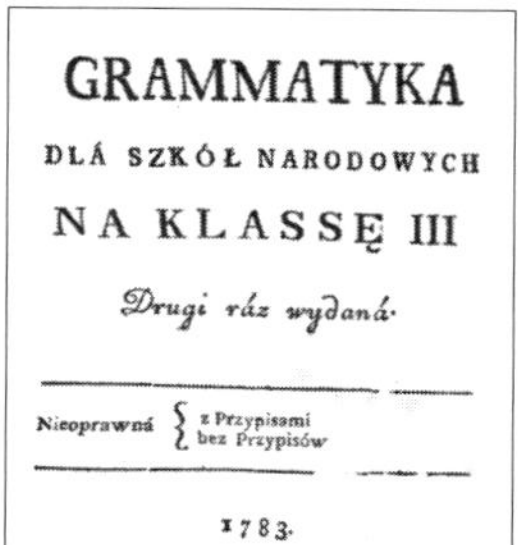
GRAMMATYKA
DLÁ SZKÓŁ NARODOWYCH
NA KLASSĘ III
Drugi ráz wydaná.
Nieoprawná { z Przypisami / bez Przypisów
1783.

オヌフリィ・コプチンスキの『国民学校用文法―第三学年』の表紙（1783年）

あった。

フベ『国民学校用物理学入門』（翻訳）（一七八三）

フベ『国民学校用物理学、第一部　機械学』（翻訳）

フベの『物理学入門』と『物理学―第一部　機械学』はラテン語で書かれたものであったが、評価は高かった。

ルイリエ『国民学校用幾何、第一部』（翻訳）（一七八〇）

ルイリエ『国民学校用幾何、第二部』（翻訳）（一七八〇）

ルイリエ『国民学校用代数』（翻訳）（一七八二）

ルイリエ『国民学校用算術』（翻訳）（一七七八）

ポプワフスキ『国民学校用道徳学　第一、第二学年』（一七七八）

ポプワフスキ『国民学校用道徳学　第三学年』（一七八七）

この道徳学教科書に関しては、それまでの修道院学校の宗教的実践の要素を残しつつも、世俗道徳的要素が取り込まれたことが特質に値する。ポプワフスキの道徳教科書は一六頁の簡潔なものであった。

スクシェトゥスキ『国民学校用世界史　第三学年』（一七八一）

スクシェトゥスキ『国民学校用世界史　第四学年（ギリシア史を含む）』（一七八六）

クルク『国民学校用植物学』（一七八五）

クルク、チェンピンスキ『国民学校用動物学すなわち家畜の叙述』（一七八九）

ピラモヴィチ『国民学校用弁論・詩作』（一七九二）

『国民教区学校用読本』、一＝読み書き、二＝教理問答、三＝習慣、四：算術

教科書に関しては、理数系の科目がほぼ半数を占めている。これは啓蒙主義に時代の要請に沿うものでもあった。

【副読本】

『国民学校用古典作家要覧　第一学年』、『国民学校用古典作家要覧　第二学年』

『国民学校用古典作家要覧　第三学年』

フルゴール『国民学校用古代事典』（ピラモヴィチ編）

コジミンスキ『ラテン・ポーランド語辞典』

ザボロフスキ『国民学校用対数』

【教員用参考書】

コプチンスキ『文法規程　第一学年』

コプチンスキ『文法規程　第二学年』

コプチンスキ『文法規程　第三学年』

ピラモヴィチ『教員の義務、つまり教区学校におけるその履行方法』

ポプワフスキ『道徳学規程　第一、第二学年』

スクシェトゥスキ『国民学校用世界史規程　第三学年』

この協会の出版活動は一七七七年から一七九二年迄続いたが、最も活発であったのは一七七八年から

八七年の十年間であった。

印刷と教科書供給を巡る諸問題

初等読本の印刷は、当初、初等読本協会の印刷所が担う予定であったが、これは実現には至らなかった。この作業は一七八一年迄教育委員会が行い、一七八一年から八三年はワルシャワの印刷業者兼書店主ミハウ・グレルに、また一七八三年以降はクラクフとヴィルノの二つの大学校内の印刷所に委ねられた。

教科書配給に関しても多くの問題が生じた。いくつかの学校区（ヴィエルコポルスカと二つのリトアニア地区）では一七七九～八〇年の間、初等読本は配給されなかった。一七八〇年代後半以降、配給は概ね順調になったようである。ただ、ムロゾフスカの教科書販売表を見ると、学年による購買率の差、同一教科書の地域による購買率の差は少なくなかった。例えば第一学年の文法書はルバルでは85部、ピョトルクフでは82部が売れたが、第三学年ではルバルでは13部、ピョトルクフは16部しか売れていない。一方、算術の教科書に関しては、クシェミェーニェツでは70部販売されて62部が売れているが、ルバルでは46部中8部、カリシュでは41部中1部しか売れていない。幾何についても、クシェミェーニェツでは70部中62部が売れたが、カリシュでは47部中2部のみであった。また、配給された教科書が実際の教育に使われないこともあった。その多くは、初等読本協会が発行した著作に対して教員が距離を置くという態度に起因した。特に、ルイリエの代数、幾何、算術読本、フベの物理学読本、コプチンスキの文法書においてその傾向が強かった。一方、ポプワフスキの道徳学読本やスクシェトゥスキの歴史読本に対しては、教員は概ね積極的にこれらを用いたと言われている。

教員たちはしばしば視学官を通じて教育委員会に、教科書に対する批判的見解を伝達した。しかし初等読本協会は概して、すでに出版された教科書に対する変更は認めなかった。

以上が初等読本協会の活動の概要である。初等読本協会の活動の自律性に関して、ムロゾフスカはコットの見解を踏襲して、初等読本協会を教育委員会の教育部、「専門家たちの委員会」と位置付けた。一方ルビェニツカは、初等読本協会を実際の教育省であると位置づけ、初等読本協会の業績として、中等学校で実現されたあらゆる対象の学問の範囲と目的を策定し、個々の教育案を準備し、教員の義務を定めたと捉えた。またマヨレクは、初等読本協会を教育委員会の実行機関と位置付けることには反対で、特に数学・自然学や人文学における個々の対象の実践の発展における初等読本協会の関与を重んじた。初等読本協会の活動の自律性に関しては専門家の評価が二分されていて、確かに初等読本協会が委員会に依存していた点は否めないが、教育委員会の活動の普及に初等読本協会が果たした役割の大きさが多大なものであったことは言うまでもない。

第四章　大学改革について

(一) マッサルスキからミハウ・ポニャトフスキへの指導体制の変化

一七七六年、議会は教育委員会に関する新たな議会法を採択した。その結果教育委員会委員は一二名に増員された。また、イエズス会資産ならびに国内のあらゆる種類の学校に対する教育委員会による管理は一層強められ、教育委員会の活動は最も充実した時期を迎えることになった。同時に資産分配委員会の不祥事の責任を取る形で、マッサルスキは委員長を退くことになった。彼に代わって一七七六〜八八年以降、教育委員会を統率することになったのがミハウ・ポニャトフスキである（正式に委員長に就任するのは一七八六年）。国王の実弟である彼は、慎重な現実主義者でもあったが、委員たちと国王との間の諸事項の橋渡し役としても重要な役割を果たしたと言われている。とりわけこの時期の教育委員会は、財政管理の教育委員会への委託、大学改革、教員養成期間の設立、一七八三年『学校法』の制定など、重要な案件を実現していった。

政治との関連でいうと、一七八〇年にザモイスキ法典（アンジェイ・ザモイスキが中心となって成文化された革新的内容も含む土地法集成）が議会で否決されたことが示すように、共和国の世論は保守化していった。

そうした状況の中、教育委員会は保守的な見解に対して妥協策を講じざるを得なくなる。その点から見ると、ドブロフスカの言うように、もっとも積極的な改革は一七七三年～一七八〇年であったと考えることもできる。ただ、初等読本協会や大学改革などはその後も継続していく。また世俗教員養成の制度はその後進展する。それゆえ、広い意味での改革は少なくとも八八年迄続いていったと考えられる。

八三年～八六年に教育委員会委員の欠員補充が行われた。その六名のうち、イグナツィ・プシェベンドフスキとフェリクス・オラチェフスキを除く四名（シュチェンスニィ・ポトツキ、マチェイ・ガルニシ、アントニ・マワホフスキ、ミハウ・ラジヴィウ）はマグナート出身者であった。とくに東南部の大マグナートであったシュチェンスニィ・ポトツキの登用は、ミハウ・ポニャトフスキによる懐柔策と捉えることもできる。八〇年代以降の教育委員会は、こうした妥協策を取りつつも、教育改革の実践に向けて団結を強く求めようとしていた。

以上のような教育委員会を巡る状況の変化を踏まえたうえで、以下の章では教育委員会の諸学校の改革を、大学、中等学校、教区学校の順に検討したい。

（二）大学改革について

十八世紀後半の共和国の教育機関の中で、最高学府であったクラクフとヴィルノの大学は、教育委員会の学校制度の中でどのように変わっていったのか。本章ではその問題を検討してみたい。

まず、一七八一年までのクラクフ大学の改革である。

フーゴ・コウォンタイの肖像
左手奥には、彼の主著のひとつ、『ポーランド国民の政治的権利』がみえる。クラクフ大学改革に辣腕をふるった。

第一章で考察したように、スタニスワフ・アウグストの治世になり、クラクフ大学でも改革の兆しが見え始めた。その背景には、大学に大きな影響を及ぼしていたクラクフ司教にアンジェイ・スタニスワフ・ザウスキが就任し、その後継者カイェタン・ソウティクとともに改革を支援したことが挙げられる。その一つが、哲学部教授ユゼフ・アロイジ・プタノヴィチによって行われた一七六五年の改革であった。この改革によって聴講生は初めてデカルト、ライプニッツ、ヴォルフの業績や考えを知り、コペルニクスやガリレオ、ニュートンの功績の説明を受けることになった。同様の改革は、数学、歴史にも及んだ。ただこの段階では、ラテン語重視、スコラ哲学偏重など問題が多かった。

一七七三年一二月、大学は改革の要求を教育委員会に申請した。しかしこの申請は、大学の古い伝統を断ち切れないのではという懸念、学生の平民的性格への不満などの理由で却下された。こうした中で、クラクフ大学改革の中心人物として白羽の矢が立ったのがフーゴ・コウォンタイ（一七五〇～一八一二年）であった。コウォンタイ自身も、この大学の卒業生であり、哲学博士の学位を取得していた。その後ウィーンとローマに留学し、神学、自然法と重農主義の知識を深めて帰国した。フレプトヴィチやミハウ・ポニャトフスキとのつながりの中で、初等読本協会にポストを得ると同時に、コウォンタイはクラクフ大学の衰退と旧時代性を痛感し、一七七六年、大学の現状を述べた『クラクフ・アカデミーの現在の状態』と野心的な改革プラン『クラクフ・アカデミーに善き学問を導入することと県学校教員養成専門学校創設について』を教育委員会に提出した。これに対して教育委員会は一七七七年四月、コウォンタイの改革案を承認した。弱冠二七歳の彼は、クラクフ大学担当の視学官としてクラクフに派遣された(〜一七八一年)。彼は、既存四学部の資金、施設、講座構成、法規などの文書を綿密に調査した。改革への同調者の支持も大きく拡がった。

まず外国語、修辞学、歴史・地理を学ぶ人文学部であるが、ここではポーランド語を講義語とすることが唱えられた。また歴史に関してはポーランド史を重視し、史料重視が求められた。補助学としての貨幣学、古文書学の必要も説かれた。

一七七八年一〇月からは、プタノヴィチによって改革がある程度進んでいた哲学部の改革に取り組んだ。彼は、倫理学講座を廃止してその代わりに自然法と政治経済を導入した。また有能な学生たちを中等学校の教員に送り込んで、両者の連携も図ろうとした。同時に英仏の哲学者の見解を取り入れるとともに、アリストテレス哲学の講義を二年に限定し、新たな方法による授業導入を目指した。とりわけ数学、物理学、自然学、道徳学に重点が置かれた。また論理学と雄弁学を近代的な方法でとらえようとした。

神学部については、プウォツク司教補佐クシシュトフ・シェンベクを中心に一七七八〜七九年に改革が進められた。基本的には縮小方向での改革であり、講座の一部を廃止して、古い考え方をもつ修道院出身者は終身年金を与えられて退かせた。講座の構成は、それまでの年功序列を排して、公募制になることが求められた。

医学部改革に関しては、アンジェイ・バドゥルスキの改革案をもとに進められた。学業は五年制とし、入学に際しては県学校レヴェルの数学・物理の知識が要求された。

法学部に関して、コウォンタイは自然法、刑法、ローマ市民法を重視した。教会法は方針の変更が求められた。

以上のような改革には当然資金が必要であったが、コウォンタイは頻繁にワルシャワを訪れて、ミハウ・ポニャトフスキとコンタクトを取った。ポニャトフスキや委員会からの支持も取り付けて、大学校自体の年一〇万ズウォティの収入以外に、年一五万ズウォティの補助金を教育委員会から獲得するようになった。彼の改革は一七八〇年九月以降、大学が大学校に改編されることでさらに進展する気配を見せた。これによって大学校に教職養成専門学校が組み込まれ、中等学校以下の諸学校を従える体制が構築された。

しかし、こうしたコウォンタイの精力的な改革に対しては保守派の反対も強かった。一七八一年一一月、教育委員会はコウォンタイを視学官職から解任した。彼は一時ワルシャワに移ることを余儀なくされた。こうした動きに対して、イグナツィ・ポトツキらがコウォンタイの職務を再調査し、また複数の教授によるコウォンタイの復帰要求を受けて、一七八二年六月、彼は学長としてクラクフ大学に呼び戻された。ここからコウォンタイによる大学改革の第二期が始まった。

ここで、共和国におけるもう一つの最高学府、ヴィルノ大学の改革を見てみよう。第一章で述べたように、この大学は一五七八年に創設されたが、改革の進展という点ではクラクフ大学に二つの点で劣っていた。一つはイエズス会の基盤が非常に強固であったこと、今一つは一七六二年からマッサルスキが学長職にあり、資金面、組織面いずれにおいても彼の影響が強かったことである。とはいえ一七七五年以降マッサルスキは大学改革に関心を示し、同年ユゼフ・ミツキェーヴィチがヴィルノで物理実験室を設置して経験物理学の講座を始めた。マッサルスキの勧めでパリに留学していたミコワイ・レグニエがヴィルノに戻ると、外科学、解剖学の講座を新たに始めた。

しかし、ヴィルノ大学の改革が軌道に乗ったのは、一七七七年にユゼフ・ヴィビツキが視学官として赴任することになった頃からであった。彼はコウォンタイ同様、初等読本協会にも属していたので、委員会の名で任務を行う法的権限を持っていた。彼はこう述べる。「ヴィルノに到着するや否や、教授たちや退職者から、俸給が届かず、資金が私的に流用されているとの匿名の訴えが相次いだ。（中略）ヴィルノ・アカデミーとヨーロッパの他のアカデミーとの違いは、死者と生者の違いに等しい。ラテン語は繁栄しているが、アルヴァレスを用いて教えられていて、理解よりも記憶が優先される。歴史や地理も教えられるが、作者について教わることがあっても、広い知識は何も得られない」。しかしその後ヴィビツキはヴィルノを去ることになったため、クラクフのコウォンタイと同様に、ヴィルノの改革のイニシアティブを取る者が必要であった。一七八〇年以降、その役割を担ったのが同年に学長に就任したマルチン・ポチョブット（＝オドラニツキ）であった。

以上のような形で始まったクラクフとヴィルノの大学改革はその後、どのように進んだのであろうか。

一七八三年の『学校法』制定後、両学校の内的組織が最終的に固まった。両校の名称も王国大学校、リトアニア大学校に変更された。両大学校には物理学部と道徳学部の二学部制

マルチン・ポチョブット
ヴィルノ大学学長。改革の中心人物の一人

に改編された。大学校の中心には三年任期の学長が置かれ、あらゆる問題を決するのは全教授を構成員とする大学評議会であった。査察官が経営の問題を担当し、秘書官が学長を補佐した。学部（コレギウム）の中心には学部長が置かれ、それを学部秘書官が補佐した。

これに先立つ一七八二年から四年間、コウォンタイは若手の有能な教授たちを集めて、クラクフ大学校の改革を順調に進めた。総じて、大学校の式典はラテン語ではなくポーランド語で行われるようになった。改革の中で、正式に道徳学部と物理学部の二学部制が取られた。道徳学部には神学科、法学科、文学科が設けられた。神学科には聖書、教理神学、教会史、道徳神学の講座が、法学科には、教会法・民法審理、ローマ法、ポーランド公共市民法の講座が、文学科にはポーランド・ラテン文学とギリシア文学が設けられた。一方、物理学部には数学科、物理学科、医学科が設けられた。数学科には高等数学・天文学、機械学・水力学、初等数学の講座が、物理学科には物理学、自然史、植物学の講座が、医学科には外科学・産科学、解剖学・生理学、薬学・医学物質、病理学・治療施設の講座が設けられた。

コウォンタイは、教員は外国人で固めることなく、若手教員を大学校の負担で数年間留学させる方策を取った。ヤン・シニャデツキとアンジェイ・チシチンスキも教育委員会の資金で留学した。医学部の六名の教授は、全員が留学帰りの人物であった。とくにシニャデツキは数学を担当し、パリの学術アカデミーなど西欧のアカデミーとの密接な連携を保てた。また彼は一七八一～八七年、物理学科秘書官としてその学科長ヤン・ヤシキェヴィチとともにコウォンタイの片腕になった。とりわけボローニャに留学していたバドゥルスキ（病理学）、ベルリンでの留学経験があり、外科学の父とも呼ばれたラファウ・チェルビアコフスキ（産科・外科）が中心になり、実践的な講義が行われた。一七八〇年にはバドゥルスキの尽力で一六床から成る病棟も作られた。同時に助成金と都市の負担によって、一四七名の医学生が通学したといわれる。哲学は独立した学科ではなくなり、もはやスコラ哲学は講じられなくなり、ディドロの百科全書が重視された。

道徳学部も同様に改革が進められたが、そのテンポはより緩慢であった。学部改革の中心であったポプワフスキは自然法、ポーランド公共市民法を担当した。最も遅れたのは文学分野で、これは最後まで十分に改革が浸透しなかったと言われている。神学部も同様である。コウォンタイに対する反対者たちは神学部に集結したらしい。教授たちは、大学の支配的な役割に慣れきっていて、その威厳と収入が落ちることに同意しなかった。

とはいえ、コウォンタイの大学改革の成果は多岐にわたるが、財政難からの脱却や傘下の学校に対する影響力の拡大は特筆に値する。こうしたコウォンタイの改革は、オラチェフスキ(一七八六~九〇年)、ユゼフ・シャベル(一七九〇~九五年)のもとで存続していった。

ヴィルノでは、一七八〇年からポチョブットが学長に就任し、正式に道徳学部と物理学部の二学部制が取られた。物理学部は数学物理学科と医学科の二学科に分かれて、前者には天文学、高等数学、応用数学、初等数学、経験物理学が設けられ、後者には理論外科学・産科学、実践外科学、解剖学・生理学、自然史・植物学、病理学、化学・薬学の講座が設けられた。道徳学部は、神学科、法学科、文学科の三学科に分かれた。神学科には聖書、教理神学、教会史、道徳神学の講座が、法学科にはリトアニア法、ローマ法、教会法、自然法の講座が、文学部には修辞学、ラテン・ポーランド文学、世界史の講座が置かれた。彼はなにより天文学者であったので、天文学とかかわる科目を重視した。一七七七年に二千ズウォティを投じて天体観測所が設置された。こうした傾向は、医学軽視の不満を外国人教員の間で生むきっかけになった。彼はコウォンタイとは異なって、大学校を総合的に経営する手腕には恵まれておらず、クラクフほど徹底した改革は行わなかった。「コウォンタイはこの教育委員会の業績の最も明確な指導者であり、旧イエズス会士に支えられたポチョブットは、アカデミー（大学）やリトアニアの諸学校の権利と利害の注意深い番人であった」というシニャデツキの発言は、正鵠を射たものと言えるだろう。

同時にポチョブットは、教授の多くに外国人を配した。医学と自然学でも多くの外国人教員を招いたが、その多くが「僻遠の地」ヴィルノでの滞在に不満を抱いた。リトアニア大公国財務長官アントニ・ティゼンハウズの領地の管理人でもあった、リヨン出身の植物学者ヤン・ギリベールは、ヴィルノの大学校で植物学講座を担当したが、財務条件の悪さに不満を抱いて、わずか一年でヴィルノを去った。彼の後任で、旅行者としても知られているゲオルグ・フォルシュテルも二年でヴィルノを離れた。しかし、ポーランド人で多大な功績を残した教員も少なくない。自然法を担当し、教員養成専門学校も指導した、ピアリスト出身のヒエロニム・ストロイノフスキ、物理学部（数学講座）に所属し、ニェメン川の海運にも貢献したフランチシェク・ナルヴォイシュ（旧イエズス会士）、天文学講座教授のアンジェイ・ストシェツキ（旧イエズス会士）。実験物理学のユゼフ・ミツキェーヴィチ（司祭）、道徳学部でポーランド文学、雄弁学を担当したダヴィド・ピルホフスキ(旧イエズス会士)。歴史の講座を担当したのは司祭トマシュ・フッサジェフスキであった。彼の弟子には歴史家ヨアヒム・レレヴェルがいる。

総じてクラクフでは、当初の理念に沿って改革が迅速に進んだのに対して、ヴィルノではそれが緩慢であった。天文学観測所のみはヴィルノの方が優れていたが、それが全般的な学問レヴェルの向上につながったとは言い難かった。

とはいえ、地域社会との連携を図ろうとした点は、両学校に共通していた。ヴィルノでは、ユゼフ・ミツキェーヴィチが職人相手に日曜日毎に物理学の講義を行った。この講義には九〇～一五〇名の聴講者が参加したといわれる。クラクフでは同様の催しをフェリクス・ラドヴァンスキが行った。ヴィルノでは外科医の組合の生徒や年季労働者を相手に、ヤクプ・ブリオテが解剖学や生理学の講義を行った。これらは医学の普及に貢献した。

そうした大学校の姿勢を後押しする動きも見られた。一七八四年の国王の教書は、ポーランド王国の都市・小都市に対して、大学校に生徒を送ることを義務付けた。その目的は、外科医を養成することであり、彼らには解剖学と生理学の基礎知識と基本的処置を学ばせる予定であった。学生に対して年額二〇〇ズウォティ（八五年からは二四〇ズウォティ）の奨学金と必要な衣装が支給された。こうした動きに対して学生以上に関心を抱いたのはクラクフの外科医たちであった。一七八〇～八四年、三一名の外科医が解剖学と外科学の授業に加わった。ただ、学生たちへの呼びかけに関しては、一七八六年に一四〇名の候補がやってきたが、大学校に登録することが出来たのは三〇名のみで、残りは学力不足のために教区学校に送られた。

また、大学校に十分な自治が保障されていたとは言い難い。特にヴィルノでは、イエズス会士が上層部への服従に慣れていたため、その傾向が強かった。また両大学校とも毎年、教育委員会の予算承認許可を得なくてはならなかった。リトアニア大学校は年一四万ズウォティを基金から得て運営された。王国大学校自体は基金を持っていたが、十分なものとは言えなかった。記録によると、一七八七～八八年の大学校の支出は一三万七〇〇〇ズウォティ、収入は七万六七二二ズウォティであった。

学長、教授、副教授の給与は教育委員会の規定に基づいていた。一六年働いた場合、給与の三分の二を年金としてもらえる権利が与えられた。学長選出権は原則として教授にあり、実際コウォンタイはその形で選ばれた。一方、ポチョブットは教育委員会によって選出され、のちに同僚たちによって「委任」された。その後、王国大学校の学長にはオラチェフスキが選ばれたが、彼の改革は教授たちとの対立を引き起こした。シニャデツキは秘書官職を辞して半年後に外国に出た。学生たちも反乱を起こした。結果的にオラチェフスキは一七八九年にワルシャワに戻された。その後学長職に就いたのは神学教授のシャベルであった。

改革された大学校で学んだ学生の数を算定するのは難しい。学生たちは履修する講義を選ぶことが出来たが、どんな方法で知識を高めたのかは不明である。比較的大きな人気を得ていたのが道徳学部であった。物理学部では、教員候補以外の出席者はだいぶ少なかった。ただし、ユゼフ・ミツキェーヴィチの講義は大学校以外の関心を引いた。王国大学校のおおよその通学生は千名程度であった。ヴィルノではそれよりだいぶ数が少なかった。学生の社会的出自に関しては、その大多数は中流・零細シュラフタであり、都市民出身者は一部に限られ、農民出身者はまれであったと言われている。教授の出自も様々であったが、彼らの主流は都市民と中流シュラフタであり、マグナートの有力家系出身者はいなかった。その後名声を得た人々としては、シニャデツキ、コウォンタイ、ポチョブットらがいるが、彼らは近代的な発展の道筋にポーランドの学問を位置づけた人々である。

第五章　中等学校改革について

当時の共和国の学校制度の中で、国民教育の中核として最も重要な役割をもっていたのが、全国に設置されていた中等学校であった。また、教育委員会がイエズス会の解散令を契機に創設されたということを前提にした場合、中等学校がその制度的中核になることはいうまでもない。そこで本章では、教育委員会創設に伴って中等学校の学校網や制度、科目がどのようなものであったか、またそれに対する学生の反応についても具体的に考察してみたい。

（一）中等学校ネットワークの確立

国民教育委員会は、既存のイエズス会学校ネットワークを利用しながら、それを改編しつつ新たな学校ネットワークを構築した。

かつての大規模なイエズス会コレギウムが元になった県学校は、共和国の各学校区を統括する中等学校で、六学年七年制であった。かつての小規模コレギウムを起源とする郡学校は、各学校区に複数設置される県学校の下位に属する学校で、三学年四年制であった。いずれも基本的に建物、土地、資産はイエズス会のものが継承された。教育委員会の中等学校ネットワークには、ワルシャワの士官学校以外のすべての中等学校が所属した（旧イエズス会、ピアリスト会、バシリウス会、バルトロメウ会、ラザリスト会、テアティノ会の修道院学校と旧クラクフ大学付属学校）。これらの学校は協力校として教育委員会体制に組み込まれ、一律に『学校法』の規定に従った。

一七七四年の統計によると、旧イエズス会中等学校には王国だけでおよそ九〇〇〇名が学んでいた。ルブリンやプウトゥスクの学生数は一〇〇〇名に及び、カリシュやクシェミェーニェツでも七〇〇名を数えていた。また、クラクフ、ワルシャワ、ヴィンニツァにも、三五〇名から五〇〇名の学生が通っていた。旧イエズス会以外の修道院学校では、プウトゥスク、ルバル、フマン、ワルシャワのピアリスト会中等学校には同程度の学生が通っていた。一七八三年四月の段階では、王国はマウォポルスカ、マゾフシェ、ヴィエルコポルスカ、ヴォウィン、ウクライナの5学校区が置かれ、15のコレギウムを所有するピアリスト学校は、固有のピアリスト学校区に属した。リトアニア大公国には、リトアニア、ノヴォグルデク、ポレシェ、ジュムチの四学校区が置かれた。リトアニア大公国では、ピアリスト学校は所在地によって各学校区に分散した（一七九〇年以降は王国同様独立学校区に変わる）。結局王国では、アカデミー付属学校（旧イエズス会学校と旧クラクフ大学付属学校）17対 修道院学校29、リトアニアではアカデミー付属学校19対 修道院学校11になった（総数では王国46、リトアニア大公国30）。

一七七三年以降、学区の変更は幾度か見られたが、最終的に一七八三年『学校法』では以下の学校網（王国6学区、大公国4学区）が定められた。

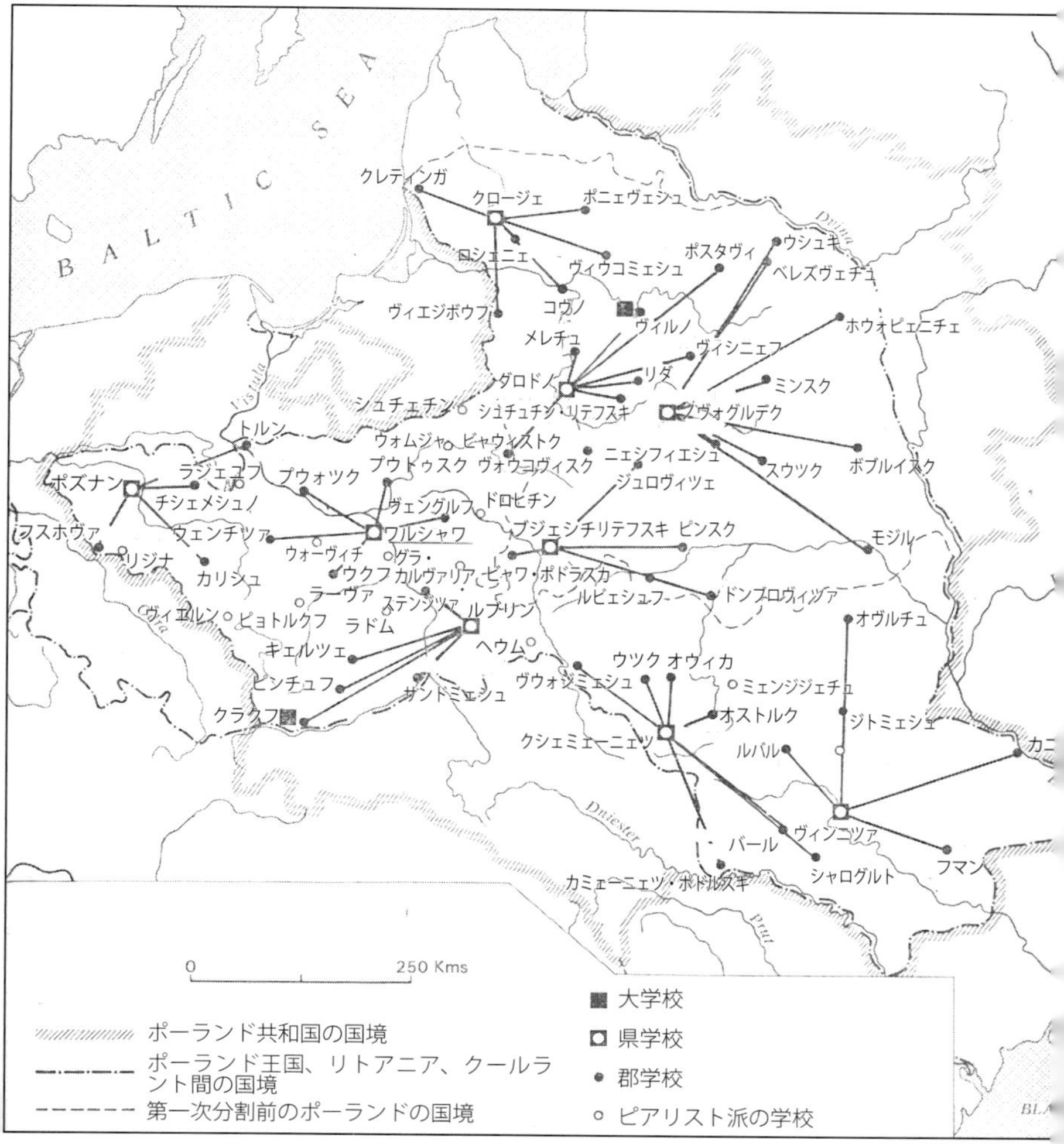

教育委員会の大学、中等学校ネットワーク（1783年）

S.Kieniewicz and others(ed.), *History of Poland*, Warszawa, 1979. p.301をもとに作成

ポーランド王国の中等学校

（一）ヴィエルコポルスカ学校区

（県学校）ポズナン

（郡学校）カリシュ、トルン、チシェメシュノ（ラテラン派）、フスホヴァ（シトー派）

（二）マウォポルスカ学校区

（県学校）ルブリン

（郡学校）クラクフ（旧クラクフ大学付属）、キェルツェ（バルトロメウ会）、ピンチュフ（旧クラクフ大学付属）、サンドミェシュ、ステンジツァ（ベネディクト派）

（三）マゾフシェ学校区

（県学校）ワルシャワ

（郡学校）プウォツク、プウトゥスク（ベネディクト派）、ヴェングルフ（バルトロメウ会）、ラーヴァ、ウェンチツァ

（四）ヴォウィン学校区

（県学校）クシェミエーニェツ

（郡学校）ウツク、オウィカ（旧クラクフ大学付属）、カミェーニェツ・ポドルスキ、ヴウォジミェシュ（バシリウス会）、オストルク（バシリウス会）、シャログルト（バシリウス会）、バール（バシリウス会）

（五）ウクライナ学校区

（県学校）ヴィンニツァ

（郡学校）ジトミェシュ、カニュフ（バシリウス会）、オヴルチュ（バシリウス会）、ルバル（バシリウス会）、フマン（バシリウス会）

（六）ピアリスト学校区

ピョトルクフ、ヴィエルン、リジナ、ラドム、ウクフ、ヘウム、ワルシャワ（CN）、ワルシャワ（通常の中等学校）、シュチュチン・マゾヴィエツキ、ウォムジャ、ドロヒチン、グラ・カルヴァリア、ウォーヴィチ、ミェンジジェチュ・コレツキ、ラジェユフ（一七八七年以降トルンから移る）

リトアニア大公国の中等学校

（一）リトアニア学校区

（県学校）グロドノ

（郡学校）ヴィルノ、ヴィシニェフ、ポスタヴィ、ビャウィストク、ヴォウコヴィスク、メレチュ（ドミニコ派）、リダ（ピアリスト派）、シュチュチン・リテフスキ（ピアリスト派）

（二）ジュムチ学校区

（県学校）クロージェ

（郡学校）コヴノ、クレティンガ、ヴィウコミェシュ（ピアリスト派）、ポニェヴェシュ（ピアリスト派）、ロシェニェ（ピアリスト派）、ヴィエジボウフ（ドミニコ派）

（三）ノヴォグルデク学校区

（県学校）ノヴォグルデク

（郡学校）ミンスク、ニェシフィエシュ、スウツク、ボブルイスク、モジル、ホウォピェニツェ、ウシュキ（ピアリスト派）、ベレズヴェチュ（バシリウス会）

（四）ポレシェ学校区

（県学校）ブジェシチ

（郡学校）ピンスク、ビャワ・ポドラスカ（旧アカデミー付属）、ルビェシュフ（ピアリスト派）、ドンブロヴィツァ（ピアリスト派）、ジュロヴィツェ（バシリウス会）

教育委員会による県ごとの行政区分では、県学校校長が郡学校を監督し、郡学校校長が教区学校を監督する体制になった。各学区は人口に応じた学校数が心がけられたが、東南部諸県に関しては、中流有産シュラフタの少なさに配慮して学校数も少なかった。

次に教員の体制であるが、県学校では、校長 rektor、副校長 prefekt と六名の教授、郡学校は、校長 prorektor と六名から三名の教授の体制がとられた。年間予算は学校の規模によって七〇〇〇～一万七〇〇〇ズウォティまで違いがあった。王国郡学校は県学校とのレヴェルの差を減らすため、一部の学校（サンドミエシュ、プウォツク、ジトミェシュ、クラクフなど）で教員六名体制をとった。一方リトアニアでは、四校の県学校以外で六名体制の学校はかなり少なかった。多くのクラクフ大学付属学校や修道院学校の教員は三名か二名であった。後述するが、教育委員会は、旧イエズス会士をクラクフ大学出身の教員に入れ替えようとした。だがリトアニアでは旧イエズス会士教員の比率が高かった。

（二）中等学校の科目

　次に中等学校のカリキュラムの特徴をみてみよう。七四年『県学校規定』においては、国家の全般的停滞からの脱却を支援する科目、ならびに数学・自然科学的な学問の体得が最も重視された。また、七四年『県学校規定』においても、八三年『学校法』においても、県学校は六学年七年制で、一～二学年が教養クラス、三～六年が専門クラスであった点は共通している。ただ、七四年『県学校規定』では各学年一人の教員が担当したが、これは教員に大きな負担を強いるものであった。そこで、一七八一年以降、教養クラス（一～二年）では七四年規定と同様に各学年一人の教員がすべてを教えるが、三学年以降は各学年で雄弁（修辞学）、数学、物理、法律担当の四教員が分担する形に変更された（別表参照）。郡学校では、教員の少なさのため専門科目の統合が行われ、基本的に三学年六年制のカリキュラムが組ま

学年								
1	正書法 2	ポーランド＝ラテン語文法 9	算数 6	地理 2	道徳 1			
2	正書法 2	ポーランド＝ラテン語文法 9	算数 6	地理 2	道徳 1			
3	ラテン語文法 9	算術 2	幾何 3	造園 2	古代オリエント史 3	道徳 1		
4	ラテン語雄弁術演習 3	代数 4	幾何 4	物理入門 4	農学 2	古代ギリシア史・地理 2	道徳 1	
5（初年度）	ラテン語雄弁術演習 3	幾何 4	物理 6	植物 1（自然史）	鉱物 2（自然史）	古代ローマ史・地理 3	道徳 1	
5（二年度）	ラテン語雄弁術演習 3	代数 2	製図 2	物理 6	植物 1	保健 2	道徳・法律 3	
6	雄弁術 6	論理学 2	美術工芸史 2	ポーランド史 2	道徳・法律 8			

県学校における一週間の授業プラン（1781 年以後のもの。83 年『学校法』時点では若干変更がみられた）　＊数字は時間数を示す

出典 :K.Mrozowska, *Funkcjonowanie systemu szkolnego Komisji Edukacji Narodowej na terenie Korony w latach 1783-1793,* Wrocław, 1985, s.188.

れた。一七七七年の段階のカリキュラムでは、六年のうち一～四年でポーランド語とラテン語の語学が、最初の二年間で生物関係、次の四年間で植物や農学関係の科目が置かれ、二～五年で歴史が設置されていた。ムロゾフスカによると、一七八三年『学校法』の中で新たな科目に分類されうるものとしては、以下のものが挙げられる。

（一）自然史（植物学、動物学〔八一年の時間割には含まれない〕、鉱物学）とそれに連関した植物栽培学、農学、保健

（二）代数、幾何、物理（主に功利性を磨く）

（三）世俗道徳学、法学（自然法＋政治経済）、歴史地理（ポーランド史は二時間のみ）

（四）論理学

さて、以下では、中等学校の科目の中で言語教育、歴史教育、道徳と宗教、自然科学の四つを取り上げて、その特徴を見てみたい。

（1）言語教育

十八世紀前半までの言語教育はラテン語が中心であり、多くの学校で十六世紀のポルトガル人、アルヴァレスの難解な初等読本が用いられていた。また教育現場においても、過度な暗記と格変化の繰り返しが中心であった。しかも、授業で用いられる言語は原則としてラテン語のみであった。これに対して教育委員会は、母国語による言語教育を重視した。七四年の『県学校規定』では、学生たちが授業でポーランド語のみの使用し、ラテン語よりも先にポーランド語文法を学ぶことが求められた。そして、ラテン語はポー

ランド語との比較の形で教えられることになった。ただ、地方のシュラフタ社会では、ラテン語は教養人の基本的素養であり、ポーランド語教育の重視は、ラテン語によって培われてきた教養を削ることになるという懸念が根強かった。

教育委員会傘下の学校では、一七七八年以降、オヌフリィ・コプチンスキの初等読本『国民学校用文法――第一学年~第三学年』が用いられた。生徒用初等読本は一、二学年併せて一五〇頁、また教員用参考書は一、二学年併せて四七〇頁に及んでいた。ここでは、難易度に基づいた教育と分析的かつ観察的な方法での文法の教授が重視され、とりわけ正書法、語源分析、名詞の格変化と動詞の人称変化、文章の品詞分解などが重んじられた。一、二年の語学の補完としての雄弁(修辞学)では、ピラモヴィチの初等読本『国民学校用弁論・詩作』が用いられた。そこでは倫理学、論理学、心理学、文法などとの連携が重視された。修辞学では、三年で文法、四年で雄弁(修辞学)、五~六年で雄弁(修辞学)と詩作が教えられた。こうした応用編の授業では、古代ローマの作家たちだけでなく、十六世紀ポーランドの作者たちの著作も取り上げられた。誇張の排除、文章の各部分の論理的結びつき、文章の簡略化が重視された。またこれらの初等読本では、将来の社会活動に向けての道徳的価値が強調され、新時代の政治教育の基盤にもなった。

では、このような新たな指針に基づいた言語教育の実態はどうであったか。視学官報告によると、教育委員会の方針とは裏腹に、依然としてアルヴァレスの初等読本が用いられている学校は少なくなかった。七四~九四年の二十年間にこの初等読本が一五版を重ねたことも、それを如実に示している。八三年の段階では、チシエメシュノ、ラーヴァ、ウォムジャ、ルブリン、サンドミエシュ、クシェミエーニエツ、ヴウォジミエシュ、オウィカ、カミエーニエツ・ポドルスキ、ミエンジジェチュの学校でアルヴァレスの初等読本が継続して使用されていた。プウトゥスクでは、生徒たちがアルヴァレスの文法書を学ぼうとして敢えて地元の教区学校に転校したという。こうした状況の中で教育委員会は、クラスでのラテン語会話を許容する方針転換を行うことを余儀なくされた。

教育委員会の科目分類では、ラテン語以外の外国語は自由選択科目に属していた。教育委員会は経済振興の観点からドイツ語履修を学生に薦めたが、両親が好んだのは当時流行のフランス語であった。中等学校各校に二名の外国語教員が置かれることが原則であったが、それが守られないケースも多かった。また、外国語教員は正規の教員とはみなされず、給与も低かった。ただし、ワルシャワやクラクフなど大都市の外国語教員は、希望する生徒も多く、副業も可能であったので条件は良かった。しかし小都市では、シュラフタが外国語教員に対して冷淡で、外国人嫌いも根強かった。カリキュラム上外国語には週一二時間が充てられていたが、それが確保されることは少なかった。導入された二つの言語の中では、ドイツ語履修者の方がフランス語履修者よりも数は多かった。

（2）歴史教育

教育委員会においては、善き愛国者を育てるために必要な知識を涵養することを目的に、歴史地理が重視された。

七四年『県学校規定』における歴史教育の特筆点は、ポーランド史を第一学年で教えたことである。これは、聖書に基づく普遍史を重視してきた、それまでのポーランドの歴史教育と比べると画期的な変化であった。また、他国の歴史に関してはポーランド史とのかかわりの中で考察されることが勧められた。一方、八三年『学校法』では、ポーランド史は最終学年（六学年）に移った。つまり、三年生で古代オリエント史、四年生では古代ギリシア史、五年生では古代ローマ史、六年生ではポーランド史が、それぞれの地理とともに教えられた。一七八三年『学校法』でなぜポーランド史が外国史の後に移されたのか、その理由は明確でない。言語教育と同様、古くからの教育方針への揺り戻しであったとも考えられるが、その分析については改めて考察が必要であろう。

そもそもポーランドでは、初めて同時代ヨーロッパ、あるいはポーランド史の授業が取り入れられたのはコナルスキのピアリスト会ＣＮの時期であった。結局七四年『県学校規定』では、ピラモヴィチの案が採用された。彼は、歴史を愛国精神育成の手段とし、将来の外交官、政治家、官吏育成に有益な手段と考えた。そのためには事実を一般化する能力を養うことが必要であるとした。そして、生徒の年齢に応じた教育、地理との連携が重視された。こうした、「生活の教師としての歴史」という観念は、当時のポーランドの歴史教育の特徴でもあった。

一七八〇年にはカイエタン・スクシェトゥスキによって教科書編纂が開始され、翌年に『国民学校用世界史　第三学年』が上梓された。スクシェトゥスキは、ピアリストのＣＮで政治史の教科書を執筆した人物である。内容はオリエント史であったが、本文七〇頁のコンパクトな分量の中に、五章構成でオリエント地域の地理的特徴、アッシリア、メディア、ペルシア、エジプトの歴史が盛り込まれている。ここでは聖書的な叙述や寓話的な叙述は排除されている。本書は、モンテスキューやマブリと同様、没落の原因を道徳的に捉える教訓的歴史の色彩が濃厚であった。例えば第五章では、統治、司法、規律、財政、盛衰の原因、慣習の観点から各国の特徴が分析される。また、統治に関しては、専制（君主政）、富裕者の統治

（貴族政）、大衆政治（民主政）の三類型が取り上げられている。スクシェトゥスキが重視したのは、理性に裏付けられた批判の精神を歴史によって涵養することであった。

二年後の一七八二年には、弟のヴィンツェント・スクシェトゥスキによって、第四学年用のギリシア史の教科書が準備され、一七八六年に刊行された。この教科書も地理的特徴を前提として、王政時代からポリスの民主政の時代を経てローマによるギリシア征服に至るまでの古代ギリシアの歴史が論じられた。全体は一一〇頁で、六章以降はより専門的なテーマ研究になっている。テミストクレスやソクラテスなどの人物についても、時代背景の中で論じようとする姿勢が見られる。その後ヴィンツェントは古代ローマ史の教科書も作成する予定であったが、これは実現しなかった。

それでは、こうした歴史観や教科書に基づく中等学校における歴史教育の実際はどうであったのか。ピョトルクフの旧イエズス会とピアリストの二つの中等学校、グロドノ、ウクフ、ワルシャワの旧イエズス会中等学校では反応は良好であった。特にワルシャワでは、テオドル・ヴァーガの『簡略版ポーランドの公と国王の歴史（国民史に関する注釈付き）』（一七七〇年刊行）、アダム・ナルシェヴィチの『ポーランド民族史』（一七八〇年以降刊行）、マルチン・クロメルやシモン・スタロヴォルスキなどの年代記を用いた教育委員会の方針に忠実な教育が履行された。一方、修道院付属学校では概して実践度が低かった。バシリウス会の中等学校ではすべての実例が聖書から引用されていた。ウェンチツァやカリシュの旧イエズス会学校でも同様であった。キェルツェやクラクフの中等学校では、歴史が全く教えられていなかった。また多くの学校では、地歴教育に不可欠な地図が不足していた。一方、一七八七年のポズナン県学校の視学官報告では、ポーランド史は（１）伝説の曙の時代、（２）ピャスト家、（３）ヤギェウォ家、（４）選挙王の時代に分けられていた。例外的ではあったが、社会や経済の歴史についても、また王権の衰退と騎士身分の勢力伸長についても、農民身分の搾取についても、今日のポーランド民族の衰退の原因として認識されていることが記されている。

また中等学校では、各科目の公開試験が定期的に行われた。そのうち歴史に関するものは、スクシェトゥスキの教科書に基づいて様々な出題がなされた。例えば、ダマスカスやパルミラ近郊の古代遺跡の知識を問う問題、エジプト人の信仰に関する知識を問う問題、聖書の知識を問う問題などがあった。教科書はなかったが、ローマ史に関する問題としては、その愛国的な要素がより問われた。同時代史においては、スウェーデンの歴史や、ピョートル大帝とカール一二世の比較などの問題なども出された。ポーランド史の問いとしては、自由の発展というテーマが出されることもあったが、ヴィシニェフでは、国王自由選挙の効用に対する疑問という問題が出されている。人物としてはヤン三世ソビェスキやスタニスワフ・アウグストの功績が出題された。文献としては、ヤン・ドゥゴシュ、クロメルなどの年代記が引用されることもあった。

(3) 道徳宗教科目

イグナツィ・ポトツキも、ピラモヴィチも、若きシュラフタの理想像として、古くから尊重されてきたキリスト教徒的な人間と新たな「善き市民」像の融合を求めていた。それゆえ七四年『県学校規定』の道徳学において重視されたのは、(1) 社会・政治生活の原理を生徒に叩き込むこと、(2) 啓蒙主義の一般理念を教化することであった。

そうした目標を反映して、初等読本に選定されたポプワフスキの『国民学校用道徳学　第一、第二学年』においては、キリスト教的な内容を盛り込みながら、狂信、暗愚、迷信からの脱却が重んじられ、同時に自然法的な世俗道徳学、重農主義、啓蒙主義が重視された。ここでは、「神のものは神に、皇帝のものは皇帝に」のスタンスが強調されている。それゆえ、自然科学と信仰の問題に関しては、自然科学での合理的な認識を重んじつつ、神の由来に関する問題を突き崩すような哲学的議論は避けた。

例えばシュラフタ身分の子供たちも税をきちんと払うこと、国家規則を遂行すること、契約や義務を保持することが社会道徳として必要であるとされた。また、経営管理の知識も義務として教えるべきであった。同時に、他身分との協調なくしてシュラフタは生きていけないこと、シュラフタは常に現状維持に固執することなく新たなものを求めるべきことが主張された。また、国内の諸法規が自然法に適ったものであるか否かを明確にすべきであることも唱えられた。

総じて、以前の教育と比べると宗教的実践は大幅に制限された。八三年『学校法』においても、キリスト教を媒介とする世俗道徳（自然法や重農主義を基盤とする）の重視が主軸になった。とはいえ、教育委員会の宗教政策は一七七〇年代末以降後退し始めたことも否めない。保守派勢力からの圧力に対して、教育委員会は様々な場で宗教を取り入れる妥協策をとった。

（4）自然科学系科目

自然科学系の科目に対してはどのようなスタンスが取られたのであろうか。

数学では三年で算術と初等幾何、四年で幾何と代数基礎、五年前半で幾何、五年後半では代数と計量製図、六年で論理学が教えられた。数学は、計算をはじめとする社会での実利性と思考発達の両面からその重要性が唱えられた。

物理学は、重農主義重視の観点から、農学・園芸学・鉱物学と連関させた社会的適応性が重視された。三年で自然史（園芸学を含む）、四年で物理学と農学、五年前半は物理学と鉱物学、生物学、五年後半では物理学、生物学、保健が、六年では美術・工芸史が教えられた。鉱物学においては、地域ごとの鉱石の研究が行われた。七四年法では自然史は歴史学の中に分類されていたが、八三年『学校法』では物理学の中に組み入れられた。物理学でも、功利的な面（国家経営への視角）と教養的な面（正確な思考能力）の双方が重視された。一七八八年、教育委員会は自費で八つの学校に実験道具を供給した。

旧イエズス会教員にとっては、今までとは異なる合理的な教育方針についていけないケースが多かった。とくに物理、自然史といった科目はそれまで教えた経験がなかったので戸惑いも大きかったといわれている。

（三）学生生活

教育委員会の中等学校における学生数の推移をみると、一七七八年迄の時期は、生徒数が大幅に減少したといわれている。しかし一七七八年以降新たな学校組織が順調に機能し、出席率もより安定した。ポズナン県学校では、三〇〇名（一七七三年）↓一九四名（一七七五年）↓二〇七名（一七八一年）と推移した。この学校にはグニェズノ、カリシュの郡学校や他県からも越境入学が見られた。とはいえ、七〇〇名（一七七二年）↓二〇三名（一七七五年）↓二六五名（一七八〇年）と推移しており、一時的な落ち込みはかなり顕著である。プウトゥスク県学校でも、一七七三年におよそ一〇〇〇名だった学生数が一七八一年には三四四名に減り、一七八八年に五三〇名迄回復したが、こうした生徒の数の増減は他の学校でもある程度共通している。また、トルン郡学校は住民の信頼を失って平均学生数は六〇名程度にとどまり、一七八六年には廃校になった。一七八八／八九年の共和国では一四四六五名が学んでいた。

このように、生徒数が減少した原因として挙げられるのは、学校経営の不安定さ、改革に対するシュラフタの不満、さらには世俗教員の増加などである。また東方地域では広大なマグナート所領に属するシュラフタたちが、公式の学校教育を嫌ったということも考えられる。これらの地域では中流シュラフタの数が少なかったということもあり、学生数は伸び悩んだ。また、一部のシュラフタは子供を越境させて教育委員会以外の学校に通わせた。例えばルブリンの県学校では生徒の多くが周辺地域のシュラフタの息子たちであったが、一部の保守的シュラフタが第一次分割でロシア領に編入されたザモシチや、オーストリア領に編入されたルヴフへ越境入学させた。ただルブリンでは、一七九〇年代に入って卒業生たちが改革を積極的に支持した結果、九二年になって学生数が増加に転じた。また、ヴィエルコポルスカ地方の学校に通っていたシュラフタの子供は、プロイセンに編入されたグウォグフやビドゴシュチュまで通ったといわれる。ポズナン県でも、保守的なシュラフタは教育委員会以外の学校に通わせよう

ポズナン中等学校

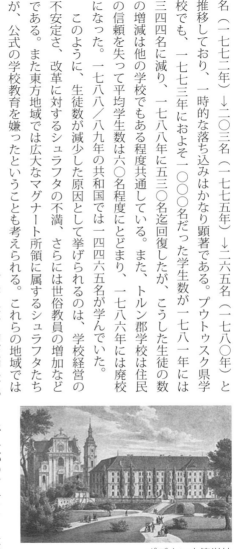

とした。

一方、クラクフの郡学校では、周辺地域のシュラフタの子供と並んで、都市貴族の子供の多くが通学していたこともあって、教育委員会の改革に対する父兄の反対は比較的少なかった。またサンドミェシュでも、校長に平民出身者が選ばれ市民の支持も強かったので、学生数は大きく減少しなかった。プウォツクでは学生の多くは周辺県の零細シュラフタであったが、結果的には学生数は大きく減少はしなかった。ワルシャワの場合、学生は身分的には多様化していたが、富裕シュラフタは県学校よりもピアリスト会学校に子供を通わせる傾向が強かった。またウクライナ学校区の四つのバシリウス派の学校は、ルシ地域の人々の高い支持を得ており、学生数は堅調であった。ヴォウィン学校区の四つのバシリウス派の学校と併せた八校の一七八一年～一七九〇年の平均学生数は二二四七名であった。一方、ポーランド王国内の一六校の旧イエズス会学校の平均学生数は三八八三名であった、一校当たりの平均学生数はバシリウス派の学校の方が高いことは特筆に値する。原因については不明であるが、地域への密着性や学問水準の高さなど、今後の分析が必要である。

次に、同一学校の学年ごとの学生数の違いを見てみよう。ポズナン県学校では一七七八～八〇年で一学年には三一名、三学年には二七名の学生がいたが、六学年になると七名に激減した。一七八四～八六年でも一～三学年は二二名だが六学年は七名だった。八七～八九年も始めた時点

カリシュ中等学校

では四一名だったが、最後は五名に減っていた。カリシュ郡学校でも、七八～八〇年の学生数が一学年一四〇名であったが、六学年には三名に減った。八四～八六年も一〇九名が六学年では四名だった。教育委員会学校全体では、二学年までで学校を去った生徒の数は十年間で一三二〇〇名に及んだ。そしてその後四学年までに四五〇〇名程度が去ったと考えられる。ただ、全体的に見ると、一七八二年から一七八八年までの王国の中等学校全体の各年の出席者は、八六一三名から九九二八名で推移している。

学生の出自についてみると、シュラフタの若者が中心であった。例えば一七八二年の非シュラフタ身分の家庭出身の生徒は、グロドノ県学校では22パーセント、ミンスク県学校では10パーセントにすぎない。シュラフタ身分の中では、特に地域の名士であるカシュテラン（城代）、センジャ・ジェムスキ（地方法廷判事）、ポトセンデク（地方法廷副判事）、ストラジュニク（国境警備官、リトアニアのみの官職）の息子などは社会的に一目置かれた。因みに、女子教育に関して、教育委員会では様々な提言がなされた。また正規の学校ではないが、いくつかの寄宿舎において女子教育が行われたが、それが普及することはなかった。

学生の日常生活は、多くの細則によって規定されていた。授業は午前中二時間、午後二時間であったが、それ以外に外国語を学びたいものには毎日二時間の専門教員による授業があった。週二日、午後は自由時間で、遊びや教練、測量や植物園への遠足に宛てられた。いつでも生徒は教員の監視のもとに置かれた。

八三年『学校法』第一九章には、生徒に関する具体的な記述がある。学校での勉学に関しては無償であるが、両親が遠くに住む場合は子供の住居費と生活費を払う必要があった。また、シュラフタ身分全体に教育の権利の平等を求めた教育委員会は、貧しいシュラフタのために一七八三年に王国では教育予算で賄う一〇の寄宿舎を設けた。収容人数は財政状況によってさまざまであった。ここには、貧困であることが証明できるシュラフタの子供が入居できた。生徒は生活費、住まい、衣服、学校の備品などを提供された。悪い影響が蔓延することを防止するため、寄宿生が帰宅することは収穫期を除いて、祝日や休暇中も禁じられた。寄宿生の直接の指導に当たったのは学監 dyrektor であった。

第一学年入学者の年齢は一〇歳までに限られた。寄宿舎で提供される食べ物は質素で、成長期の若者にとっては十分とは言えなかった。公立の寄宿舎と並んで私的な基金に基づく寄宿舎もあったが、それも『学校法』に基づいて運営された。公立の基金では一四〇名が育成可能だったが、私的基金は七〇名だった。リトアニアではヴィルノのみに公立寄宿舎があり、八〇名収容可能であった。一方、ヴィルノにはピアリストとバジリウス派の修道院寄宿舎があった。他の都市にも私的基金で一〇の寄宿舎があり、一六〇名を収容できた。総じて全国で無償教育を利用できた学生は三五〇名であった。結局一七八六～一七八八年にかけて、教育委員会の保護を受けた学生は一八九名であった。彼らの無償期間は七年間、すなわち県学校の就学期間であった。これは、旧体制を打破するための知識人養成という点からは重要な意味を持った。

教育委員会のプログラムは、大都市の学校では都市民の若者たちを引き付けた。罰則に関しては体罰を嫌う教育がなされた。諍いの調停には学生裁判が行われた。一方で無断欠席やさぼりに対しては留年、退学など厳罰が課された。他方で優秀者に対しては金銀メダルが国王から授与された。視学官たちは報告書の中で際立った学生を記録することを義務付けられていた。しかしその基準は全く一様ではなかった。ムロゾフスカによれば、王国の学校ではのべ三四〇枚のメダル（うち金メダル五七）が授与された。リトアニアでは正確には知られていないが、およそ三〇〇枚のメダルが授与されたようである。

学校の年度初めの式典においても、教員によって宗教教育が行われようとした。しかしより重視されたのは、重要な出来事に関する記念式典であった。国王の名の日の式典では学問の繁栄と全民族の統治者の幸福が祝われた。一七八三年『学校法』が制定された年は、ちょうど一六八三年のウィーン解放一〇〇周年で、ミハウ・ポニャトフスキはヤン三世ソビェスキの英雄的行為だけでなく、彼の愛国主義を称え、勇敢、男性らしさ、祖国の利益に完全に自分を委ねることの必要性をこの式典で示そうとした。このように教育委員会と大学校は、様々な式典の際のあらゆる演説を十分に準備し、涵養的教育的要素を含むべきことに配慮した。その後、五月三日憲法に関連した祝典も行われた。この祝典は多くの学校で行われた。すべての学校で荘厳な祈祷が行われ、社会的に鼓舞するような演説も行われた。

第六章　視学官制度と教員養成

（一）視学官制度について

視学官の役割

学校運営において、教育委員会が求める教育が各地の学校で的確に実施されているか否かは、極めて重要な課題であった。この点に関して教育委員会は、各学校に定期的に視学官を派遣するというシステムを構築していった。派遣された視学官には、学校財政の監督、校長・学監の任命、教員への俸給支払いなどを行うことが義務付けられた。とはいえ教育委員会の歴史の中で、視学官の役割は時代とともに変わっている。一七八三年以前は、一七七四年六月二〇日に承認された『視学官規定』によって、教育委員会委員が各地域を分掌した。その分担は以下のとおりである。

①チャルトリスキ＝ブラツワフ、キーウ（キエフ）、ヴォウィン県
②スウコフスキとポニンスキ＝ポズナン、カリシュ、グニェズノ県
③イグナツィ・ポトツキ＝ルブリン・ポドラシェ県
④ミハウ・ポニャトフスキ＝プウォツク、サンドミエシュ、クラクフ県

⑤マッサルスキとフレプトヴィチ＝リトアニア大公国の諸県
⑥ザモイスキ＝マゾフシェ県など

このうちチャルトリスキは士官学校経営の経験があるため視学も定評があったが、交通が不便な広い領域のため、一七七八年、一七八〇年以外は十分な視察はできなかった。彼自身は八一年までに五回視察をし、それ以外の三一回は副使に委ねている。他の地域においても大同小異で、教育委員自身の視学はそれぞれ数校に限られ、多くは副使が行っていた。副使には、ユゼフ・ロガリンスキ、コウォンタイ、アダム・ヤクキェヴィチ、ユゼフ・ヴィビツキなども選ばれている。対象になった七四校（王国四三、リトアニア三一）のうち、一二年間で毎年訪問を受けていた学校は六校に過ぎず、一一回訪問を受けていた学校が二八校で最も多かったが、五度しか訪問されていない学校もあった。一方、一人の視学官が一度の訪問で巡回する期間は三か月とされていたが、その期間で何校を訪れていたかについても、二四校から三校まででかなりばらつきがあった。途中の移動にかかる時間を差し引いて、一校につき平均三日間にわたる視学を行うとすると、九〇日間という日程はかなり短かったといえよう。

さてここで、一七七四年の『視学官規定』を引用してみたい。

【史料3】　視学官規定　一七七四年六月二〇日

教育委員会は、自らの構想や規定に従って学校や学問をつぶさに見聞し、統率することを望んで、学校区ごとに全権を有する視学官を自分たちの中から選定した。特にリトアニア地方に関しては、ヴィルノ司教イグナツィ・マッサルスキを選定した。彼の敬虔さと分別に鑑みて、彼には以下の方法で自分たちの仕事を遂行することを命じる。

1　可能な限り、視学を行う者は学問が行われる主な場所を自ら訪れること。もし時間や状況がそれを妨げる場合は、視学官自らが選んだ他の適任の人物をその業務のために派遣することとする。

2　視学官は、査察官からの当該施設に関する見積りを監査したのち、当該施設における彼らの振る舞いを見て、何らかの損害や請求権が示されていれば、当該問題にふさわしい法廷から訴訟を起こすように命じるべきである。

3　中等学校に隣接する教会、家屋、建物や将来の学校にとっての用途や便宜性を持ちうるものは何であっても、もっとも効果的な形で利用すべきである。（注　以下略。それぞれの委員に出された布告で内容が異なっているとと思われるため）

4　解散した修道院の資産や基金の状態を正確に知るために、視学官は個々の資産が帰属する郡や地方毎に、当該資産に関するイエズス会資産譲渡書類を、当該者や修道院の上司とともに細かく調べることとする。

5　解散した修道院に属していた各管区の修道士のリストは視学官に委ねられる。各々の視学官は、そのリストに基づいて、自分の視学対象の人々を完璧に知るように努め、彼らの能力、功績、才能、思考方法に関して、できる限り詳細に知らせるように努めるべきである。そうすることで対象においてよき選択をなし、学問や学校での仕事に役に立つ者たちについて、自らの到着後に教育委員会に知らせることができるようにするのが目的である。

6　旧イエズス会士は三つの集団に分けられる。第一は聖別の有無を問わず、病人、老人、勤続年数の長い者、過労で疲弊した者たちである。彼らには教育委員会の規定に基づいて年金が支給される。第二は学校で教える可能性と意欲のある若者である。学校やその施設で働ける者には賃金が支払われる。第三は働く意欲がないか、能力のない者である。彼らを学問や学校の職務での勤めに用いることにできるようにするには、彼らそれぞれに適した仕事を準備することを上位の聖職者に進言すべきである。しかし当座は、教育委員会が彼らに俸給を与えるように努め、必要な労働を与える。

7　視学官は今後一年間のうちに、校長、副校長、能力のある複数の教員を任命する。彼ら以外には、旧イエズス会士が一定の職能も雇用もなしに中等学校に居住することは禁じられる。ただし、実際に病気や老齢で、転居することが難しい者には居住を認める。

8　教育委員会が校長、副校長、教員に課する諸規定は、視学官がそれらの維持と履行を彼らに薦めることとする。

9　定められた時期に、教区学校から郡学校に、郡学校から県学校に、県学校からは大学と教育委員会の両方に報告を行う義務と方法は視学官に委ねられる。大学からは教育委員会にも報告が行われる。視学官にはあらかじめ報告の書式が示される。各々の視学官は視察の場でその書式を定め、できるだけ熱心に視察を行うべきである。

10　視学官は、教育委員会から教授たちに支給される俸給をその場で算定する。また定期的な支払いの方法と期間を定める。教育委員会は校長に対して八〇〇〇ズウォティ（秘書や諸出費や郵便の費用込みで）、副校長には三〇〇〇ズウォティ、教員には二〇〇〇ズウォティを支給する。

11　視学官が、何らかの修道士がより小規模な学校で教える必要を認めた場合、またこの点で彼らをなかなか得られない場合、教育委員会は視学官に対して個別に、教皇大使からの紙面での推薦と命令を与える。

12　視察を終えた後、視学官は全ての行動や決定や指図を記し、当該校の状態や生計や収益増大の方法に関する詳細な情報を提供し、それを自ら教育委員会に報告しなくてはならない。

13　本のカタログや（もし存在すれば）図書館の記録は、教育委員会の知識の補足のために正確になされるべきである。それに基づいて、学習者や教員に役に立つ本をさらに購入する必要がある。視学官は帰還後、それを教育委員会に報告すること。

これらの事蹟は、一七七四年六月二〇日にワルシャワで行われた臨時部会において定められた。

イグナツィ・マッサルスキ公（ヴィルノ司教、委員長）
アウグスト・スウコフスキ公爵（グニェズノ県知事）
イグナツィ・ポトツキ（リトアニア大公国大書記官）
アントニ・ポニンスキ（コパニェツ代官）

印璽

教育委員会秘書官
ヨアヒム・ギントヴト・ジェヴァウフスキ

七四年『視学官規定』の特徴として、第一に挙げられるのは、視学官が教育委員会の代理人として、教員や役職者の選定、教員の能力査定、教員の給与、学校の査定を初めとして様々な状態を調査して教育委員会に報告するというシステムの確立である。同時に視学官は、旧イエズス会に関して、その財務状況、個々の教員の能力や人柄などの状態などに関して詳細な報告書を作成する義務を負うことになった。

こうして確立された視学官制度であるが、その後視学官の管轄は教育委員の手を離れていった。

一七八二年以降、クラクフ大学校に三名、ヴィルノ大学校に二名の大視学官が常駐することになった。任期は三年であった。最初の六年間は教育委員会が、その後は大学校が任命する形を取った。一七九三年までに併せて二四名が大視学官に任命された。その中にはヤン・シニャデツキ、ナルブット、アントニ・ポプワフスキ、グジェゴシュ・ピラモヴィチ、フランチシェク・イェジェルスキらも含まれていた。大視学官は王国では主にクラクフ大学校道徳学部の教授が派遣され、県学校の校長は例外であった。リトアニアでは、旧イエズス会士、とくに県学校校長がこの仕事を担った。ヴィルノ大学校教授でこの仕事を行ったのはダヴィド・ピルホフスキだけである。例えば、ピラモヴィチは一七八二年にリトアニア地域を訪問しているが、期間は五月三日から七月一六日まで、訪問校は二〇校に及んだ。また、王国では一七八六年にボニファツィ・ガリツキがマウォポルスカ、ウクライナ地域を訪問した。期間は三月二〇日から七月二八日、訪問校数は一九校であった。ただ、視学に労する時間は四〇日程度でかなりの負担であった。

一七八三年『学校法』第四章では、視学官に関する規定が記されている。ここでは視学の目的や時期、会見方法、旧イエズス会資産の運営状況、試験と授業参観による学業状況の把握、私学校・無許可学校のチェック、規律違反に対する対応、視学官報告の作成法などが定められていた。また視学官の役割としては、『学校法』の履行度チェック、校長・副校長ほか全教員の仕事の査定、学校の諸問題の評価、学校の財政監査、教科書のチェックなど広範であった。これは基本的に七四年『視学官規定』の踏襲である。

視学の実態

それでは、この時期の視学官報告によって、諸学校にはどのような評価が下されていたのか。ここではポホスカの研究を中心にその状況をまとめてみたい。

一七八二年迄、評価は優良可の三段階評価だった。その後大学校に権限が移って以降は、五段階評価（秀、優、良、可、不可）が取り入れられた。

ポホスカがまとめた一七八二年以降の各学校別の評価を見ると、八回の視察のうち秀の評価を四度、優を四度、注意は一度もなかったノヴォグルデク県学校は際立つ。また、ワルシャワのピアリスト学校も、九回の視察のうち秀三回、優五回、良一回であった。第三位はポズナンのコレギウムで、一〇回の視察のうち秀二回、優六回、良一回、可一回であった。対象の七四校のうち、成績が上位であった三四校を見ると、二三校が大公国の学校であり、一一校が王国の学校であった。また王国の一一校の内訳では、ヴィエルコポルスカが七校、マウォポルスカは四校に過ぎなかった。この評価の違いの原因であるが、リトアニアの視学官の評価が甘目であったという面もあったが、ノヴォグルデク県学校の場合は、熱心に改革に取り組んだのは確かであったようである。また、成績上位校を所属別にみると、大学付属学校（旧イエズス会学校）＝21、ピアリスト会＝9、バジリウス会＝2、ドミニコ派＝1、シトー派＝1となっている。一方評価が最も悪かった（不可の）11校はウツク、モジル、キェルツェ、サンドミェシュ、ラーヴァ、フマン、シャログルト、カニュフ、オウィカ、チシェメシュノ、ヴェングルフであった。この11校の内訳は、アカデミー付属学校が5校と半数以下で、それ以外はバジリウス会が2校、少数派修道会が4校であった。とはいえ、上記の記述はごく一部に過ぎない。視学官報告に基づく各学校の状態に関しては、今後視学官報告の詳細な分析に基づく整理が必要になるであろう。

（二）教員養成について

教育改革にとって、教員をだれに委ね、どのような機関によって養成するかは避けては通れない問題であった。この点は委員や主要な人物の間で見解の相違も見られた。それでは、教育委員会の教員養成に関する政策はどうであったか。時期ごとに見てみたい。

教員養成の変遷

（1）一七七四年～一七八〇年　教育委員会による教員養成の監督期

七四年の『視学官規定』では、教員職の遂行に関して教育委員会が徹底的に監視することを規定した。教育委員会成立当初、中等学校で教員を務めていた者の中心は旧イエズス会士やピアリスト会修道士であった。その後、八三年までに旧イエズス会教員三六七名中二三八名が退職した。しかし、その結果、早急に世俗教員を養成する必要が高まった。教員養成の方法として、ミハウ・ポニャトフスキは、ラディカルな改革を嫌って、教育を在俗聖職者に委ねるべきと考えた。ポプワフスキ案はピアリスト学校を模倣した、教員の共同生活と学校会議主体の養成機関を望んだ。一方、コウォンタイは、ウィーンやボローニャを範として、クラクフ大学で一〇〇名の教員を養成して、イエズス会教員を早急に置き換える必要があると唱えた。結局、八〇年の『アカデミー基本法』では、ポプワフスキ案に近い形でまとまった。

（2）一七八〇年～一七八三年　ポプワフスキのイニシアティブによる教員養成専門学校（セミナリウム）開設期。

一七八〇年、王国大学校内に教員養成専門学校が開設された。養成期間は五年、最初の二年が基礎教育、後の三年が専門教育に充てられた。ヴィルノでも一七八三年に同様の組織が生まれた。王国教員養成専門学校校長にはポプワフスキが任命された。専門学校維持費として年三万二〇〇〇ズウォティが充てられた。しかし、ポプワフスキの構想（定員三〇名）にもかかわらず、教員候補は一六名しか集まらなかった。また、候補の多くは、ポプワフスキが求めた修道院をモデルとした養成環境に馴染めなかった。こうした共同体的な養成環境は、コウォンタイの批判も浴びることになった。一七八〇年に入学し、五年間の候補期間を終えた教員候補は最終的に七名であったが、彼らのうち一人は教職につかなかった。三名は王国大学校の地位に就いた。二名は県学校の校長・副校長になり、一名は教員になった。効果が少なく費用が掛かるという非難の中で、ポプワフスキの教員養成専門学校は一七八三年に解散した。

（3）一七八三年～一七八七年

修道院精神に偏っていたポプワフスキに代わり、校長に就任したのがガリツキであった。この時期になると、世俗的な教員養成がより前面に出されることになった。候補は四年間研修に従事した。最初は中等学校で教えられる知識全般を、その後は人文社会系か数学自然系のいずれかを選択して学んだ。一七八四年以降はクラクフで修道院学校出身の教員候補も養成されることになった。総体的に候補養成は大会議に託された。

（4）一七八七年～一七九〇年

一七八六年に大学校校長にオラチェフスキが選出されると、転換期が訪れた。彼は理神論者であったにもかかわらず、大学内では候補者の宗教教育を重視した。保守シュラフタの世俗教育重視への反発を考慮した、親聖職者的方向への回帰が顕著になったのである。またシュラフタ出身者をより優先したともいわれている。八七／八八年のアカデミー候補の学生のうち、最も有能な八名が退学することになった。

（5）一七九〇年以降

オラチェフスキが去ったあとヴァレリアン・ボグダノーヴィチが校長に選出されると、学部はより自由な形に代わった。この時期になって、コウォンタイが提唱したより進歩的な教員養成システムが定着したといわれる。

一四年間の教員養成課程の変化でシステムが四度も変わったことは、教員養成を巡る明確なコンセプトの欠如を物語っている。

一七八三年『学校法』第五章の「教員身分の候補」では、教員セミナリウムに関して詳細に触れられている。特に重要な条文としては、（1）教員は学校会議か大学校によって採用される。（6）校長は大学校会議に新たな候補について報告し、（専門研究に関する候補の報告に基づき）適当な職場が定められる。（7）大学校は全力を挙げて候補を指導すべきである。（11）大学校での四年間の学究生活ののち、候補者は博士の学位をえることが出来る。（13）候補は教育委員会の財源から最初の年は三〇〇ズウォティ、その後は四〇〇ズウォティが支給される。以上である。

この規定に基づいて、学校会議と大学との関係、教育委員会と大学との関係、大学と各学校との関係が規定された、大学の自治的性格が認められることになった。『学校法』第六章第五項の規定では、教員集団全体は学校近くの住まいで共同生活を営み、共同の食堂で食事をとり、聖職者の衣装をまとうことになっていた。

一七八〇～九四年の間、ムロゾフスカによると、王国大学校では一二六名の教員候補が養成された。そのうち四三名は中途退学し、九名は教員に就く前に国家が滅亡した。結局、中等学校で教鞭をとったのは七六名であった。それ以外に一七八〇年に既に教鞭をとっていた卒業生も含めると、当該期に九〇名の世俗教員が教員身分に属していた。

一七八三年から一七八九年にかけての新たな世俗教員赴任数は、八三年9名、八四年10名、八五年9名、八六年5名、八七年7名、八八年8名、八九年6名であった。一方、旧イエズス会士退職者数は八三年3名、八四年5名、八五年1名、八六年4名、八七年1名、八八年4名、八九年6名であった。また、シビャクがまとめた統計に基づいて八三年と九一年の教員の内訳をみると、八三年は旧イエズス会士36名、世俗教員36名、他教団出身教員21名、不明者2名、計95名だったが、九一年には旧イエズス会士14名、世俗教員60名、他教団出身教員17名、不明者1名、計92名に変化していた。これらの数値を見る限り、世俗教員の増加とイエズス会士教員の減少は歴然としている。教育委員会の世俗教員養成政策は一定の成果を見ることが出来たということができるだろう。

一方、リトアニア大公国の大学校で教員養成が始まったのは一七八三年であった。ヴィルノの教員養成課程の特徴は、文学や歴史、自然系科目においてはクラクフの教員養成専門学校の方がより水準が高かったが、ラテン語においてはヴィルノの教員養成専門学校が高水準だっただったといわれる。八三〜九二年においてヴィルノでは63名が学んだが、うち12名は様々な理由で退学した。また国家滅亡で教壇に就くのが間に合わなかった教員候補が4名いた。結局47名の世俗教員が養成された。シビャクの統計によれば、リトアニア大公国では、八三年の教員の内訳は旧イエズス会士64名、世俗教員3名、他教団出身教員26名、不明者5名、計98名であった。しかし九一年には、イエズス会士39名、世俗教員32名、他教団出身教員18名、不明者9名、計98名に変化している。リトアニアにおいても、イエズス会士の大幅な減少と世俗教員の増加は明確である。

このように、王国とリトアニアを合わせるとおよそ一四〇名が中等学校で教鞭をとった。では、彼ら教員の実態はどうであったのか。

教員の状況について

ここで、教育委員会傘下の中等学校における教員の状況をまとめておきたい。

郵便はがき

郵送の場合は切手を貼って下さい。

232-0063

横浜市南区中里1—9—31—3B

群像社 読者係 行

＊お買い上げいただき誠にありがとうございます。今後の出版の参考にさせていただきますので、裏面の読者カードにご記入のうえ小社宛お送り下さい。同じ内容をメールで送っていただいてもかまいません（info@gunzosha.com）。お送りいただいた方にはロシア文化通信「群」の見本紙をお送りします。またご希望の本を購入申込書にご記入していただければ小社より直接お送りいたします。代金と送料（一冊240円から最大660円）は商品到着後に同封の振替用紙で郵便局からお振り込み下さい。

ホームページでも刊行案内を掲載しています。

http://gunzosha.com

購入の申込みも簡単にできますのでご利用ください。

群像社　読者カード

●本書の書名（ロシア文化通信「群」の場合は号数）

●本書を何で（どこで）お知りになりましたか。

1 書店　2 新聞の読書欄　3 雑誌の読書欄　4 インターネット

5 人にすすめられて　6 小社の広告・ホームページ　7 その他

●この本（号）についてのご感想、今後のご希望（小社への連絡事項）

小社の通信、ホームページ等でご紹介させていただく場合がありますのでいずれかに○をつけてください。（掲載時には匿名に する・しない）

お名前《ふりがな》

ご住所
（郵便番号）

電話番号
（Eメール）

購入申込書

書　名	部数

教員候補には、六年間の義務労働が課せられたが、その期間の給与は年額四〇〇ズウォティであった。その時期が過ぎると、初任給に当たる年五〇〇ズウォティの報酬を得た。二年目以降は年五〇ズウォティの昇給があった。二〇年後には年額一〇〇〇ズウォティの年金をもらうことが出来た。退職教員の年金額は六〇〇～一一〇〇ズウォティであった。また校長は一八〇〇ズウォティ、副校長は六〇〇ズウォティの追加手当をもらった。外国語の教員は八〇〇ズウォティをもらっていた。一七九〇年になると、一般教員の義務労働期の俸給が一〇五〇ズウォティ、初任給は一一五〇ズウォティに増額された。ただ校長への追加手当は八五〇ズウォティに減額され、副校長職は廃止された。この変更により、業務の増えた校長からの不満が生じた。

様々な雑務も兼ねる校長、副校長にかかる負担は大きかった。中等学校の教員は、寄宿舎に住み、集団で食事を行い、聖職服を纏い、世俗教員も結婚が認められなかった。こうした修道院的な生活は世俗教員に負担をかけただけでなく、これに反する行為も多かった。

王国の視学官報告には、共同の食事がうまくいかないことの記述が多数みられる。一方、リトアニアの視学官報告では、こうした点での対立や諍いの記述は少ない。ここでは、教員の多くが旧イエズス会士であったからである。また、視学官報告自体が旧イエズス会士によって書かれることも多く、客観的記述ではなかったことも考えられる。

地域、学校ごとの教員の実態について

概して一七七九年頃まで、共和国各地域においては、教育委員会の理念を体現する新たな教員は少なく、

地域社会と学校との間の軋轢は少なかった。しかし一七八〇年以降になって教員養成専門学校出身の教員が派遣されるに従って、学校とそれを取り巻く社会の状況が変わっていくことになった。ここでは、その大まかな状況に関して、主としてシビャクとミツィアの研究に基づいて検討してみたい。

(A) ポーランド王国の状況

王国ではイエズス会教員と世俗教員の入れ替わりが一七八〇年代にかなり進んだ。こうした入れ替わりの中で、視学官や同僚の非難を受けて職務を遂行できなくなった人々も少なくない。ジトミェシュの世俗教員ユゼフ・オジェホフスキは三年間教鞭を取ったのち、学校内で盗みを働いたとの廉で逃亡する。ウェンチツァでは、唯一の世俗教員テオドル・オセンコフスキに対する旧イエズス会教員たちの嫌がらせで、オセンコフスキは逃亡したことが記されている（八四年）。しかし翌年、ウェンチツァの旧イエズス会士カジミェシュ・コニチェフスキは、アルコール依存症で暴力的で、加えて世俗教員オセンコフスキに対する嫌がらせを働いた廉で教職を追われている。このケースはコニチェフスキに共感をもつ者による意趣返しと推測することもできる。その後一七八六年になると、ウェンチツァで物理学を教えていた世俗教員養成専門学校の卒業生ピョトル・マリシェフスキが、重苦しい学校の雰囲気に耐えかねて退職した。彼は知的で優れた世俗教員であっただけでなく、フリーメーソン団員でもあり、その点で周囲の旧イエズス会教員との軋轢が生じた可能性もある。一方、ウツクでは旧イエズス会士ステファン・シドウォフスキの仕事が怠慢で、生徒に対して暴君的であるという評価を視学官ガリツキから受けて、八〇〇ズウォティの年金を与えて退職させている（八八年）。またジトミェシュでは、旧イエズス会士フランチシェク・オレンツキが職務不良、欠勤過多の評価を受けて最終的にはウツクに移動させられた（九一年）。

概して、八六年迄の七年間は世俗教員が依然として少数だったため、保守シュラフタが教育委員会の学校の改革に対してあまり違和感を持っていなかったともいわれている。ウツクでは一七八五年の段階では全教員が旧イエズス会士だったので、社会からの反感はほとんどなかった。ただ、地域によっては八二年以降になると世俗教員の影響もみられるようになった。例えばルブリンやポズナンでは、八二〜八五年に生徒数が大幅に減少した。こうした反発は特にウクライナ地域で顕著であった。たとえばルバル（バシリウス会学校）では一七八五年、近隣シュラフタによって教員補助が殺され、寄宿舎への無断侵入があった。生徒がそれに反抗して対立状態に陥ったが、視学官はこれを収めることを避けて、上級審への裁定に委ねた。こうした状況の中、八八年以降教育委員会は、保守派に対する融和政策を強めることになった。例えば八八年の通達では、低学年・高学年クラスでのラテン語使用を義務付けた。また、八九年の通達では、世俗教員もミサへの出席と月に一回の懺悔が義務付けられた。またカリシュでは、中流・零細シュラフタの日常生活に役立つ事柄により目を向けた教育が心掛けられた結果、生徒数が増加した。

一方、都市民は教育委員会に対して概して好意的だったので、逆にイエズス会主導型の学校には反感を持つ状況が見られた。例えばヴィンニツァでは、一七八二年迄イエズス会教員しかいなかったが、旧イエズス会出身代官による都市民生徒に対する圧力行為も背景となって、教員たちは教育委員会の体制自体に反抗的であった。

修道院学校の中では、ヴウォジミェシュのバシリウス会学校は知られていた。ここの学問水準は高く、言語も仏独語以外にイタリア語、英語、古代教会スラヴ語が教えられた。フスホヴァのシトー派の学校の評価も高かった。ここの教員はすべて大学校出身者であった。

しかし一七八〇年代を通じて、シュラフタ社会と学校との間の融和の動きも見られた。視学官報告でも、一七八二年頃からシュラフタと学校との協力が記されるようになる。富裕シュラフタの学校式典への積極的参加、公開試験に対するシュラフタの並々ならぬ興味（八三年、視学官ガリツキの報告）。教員の土地測量への参加を通じた地域社会との融和などを通じて、地域社会への地道な貢献も見られたのである。例えば、クシェミエーニェツでは、報告の中で学校の保護者として、ブラツワフ県知事夫人アンナ・ヤブウォノフスカ、地方法廷判事ベイジン、副代官コンドラツキ、チェシニク（御酒献上官）職のワガノフスキ、地方法廷副判事デニスコ、シャンベラン職のスタニスワフ・オラチェフスキの名前が挙げられている。その一つの現われとして、八八年にはすべての視学官が、教育委員会に対する好意が増大したことを記すようになった。

（B）リトアニア大公国の状況

ポーランド王国とは対照的に、リトアニア大公国では一七八三年まで、世俗教員が三名しかいなかった。同年まで全教員がイエズス会士であった学校が六校もあった（ノヴォグルデク、ミンスク、ニェシフィエシュ、スウツク、ボブルイスク、ピンスク）。特にボブルイスクとピンスクでは八七年迄、グロドノでは八八年迄全教員が旧イエズス会士であった。

彼らに対する視学官の評価は様々である。ミンスクを訪れた視学官のダヴィド・ピルホフスキは、アントニ・ワヴリノヴィチがコプチンスキの教科書を見かけだけ用いていると非難した。また、トマシュ・レムキは、ビアウィストクで教えていた際に視学官ピラモヴィチによって講義の準備が不十分であるとの指摘を受けた。レムキはその後ミンスクで教えたが、その際にも視学官ヤクプ・ヤクサによって飲酒癖を指摘されて他の学校に転勤させるべきとされた。またボブルイスクの校長アレクサンデル・シパイウォは、視学官ヤクサによって、職責を全く果たさず、数日も生徒たちと狩りをしていたと非難されている。同時に彼は一七九〇年にボブルイスクの地方議会で、イエズス会が蔑ろにされていることに対して扇動行為を行っている。同じくボブルイスクのアンジェイ・クロチツキは、反抗してコプチンスキの文法書に従わなかったという。モジルの校長フロリアン・ザヴィストフスキは、教員に対する配慮を欠き、学校を統括できない。よって罰として職を解き、教職を免じるという決定が下された。ヴィルノのフランチシェク・スカルジンスキは経験に富んだ教育者だったが、アルヴァレスの支持者であった。同じくヴィルノのヤン・ヴィヘルトは専門の科目は良く知っているが、教える才能がないと評されている。

一方イエズス会士の中には教育委員会の政策に順応していった教員も多い。ヴィルノのミハウ・ピョトロフスキは、教育委員会規定を承認し、九一年にはリトアニアの大視学官になる。ポスタヴィの郡学校では旧イエズス会士ヤン・ロマノフスキが校長だったが、この学校ではアルヴァレス批判も行われていた。クレティンガの郡学校副校長ルドヴィク・コヴザン（旧イエズス会士）は、視学官ピラモヴィチから最大限の賛辞を得た。ブジェシチの校長イグナツィ・ブホヴィエツキも視学官から良好な評価を得ている。ビアウィストクのヤン・ミハウォフスキは在地の有力マグナートで軍司令官のブラニツキ夫人とポチョブットとの仲介役を務めて、学校にも貢献し一七九三年まで勤務した。

このようにリトアニアでは、旧イエズス会士の比率が高かったが、年齢的には二〇〜四〇歳の若年層が多かったので、教育委員会に対する順応度も高かったと言える。また教員の科目の専門化がある程度守られた。他方で一七八三年〜九一年の間に世俗教員が二九名増えている。この二九名の中には、ニェシフィエシュで数学・物理、自然法、文学、フランス語などの教鞭を取ったヴィルノの世俗教員専門学校出身のマチェイ・ナルシェヴィチのように、学校に溶け込んでいった世俗教員も少なくない。俗人教員、クレティンガのミハウ・シュルツは聖職服を纏わなかったのでフリーメーソンでないかとの噂を立てられた。しかし後にこれは根も葉もないことが判明した。自主的に学校をやめた俗人教員もいる。ヴィシニェフの数学教員フランチシェク・アブラモヴィチは四番目の任地としてヴィシニェフに赴任したが、ここで婚姻の許可願を大学校に申請する。しかしこの申請は受け入れられず、彼は失職した。

またリトアニアの中等学校の中には、全体として問題を抱えていた学校もある。フウォピェニツェでは十年間に一〇名の教員が入れ替わるという交替の多さが際立っていた。クロージェを訪れた視学官は、生徒に対する罰として鞭しか使われていないと報告している。

以上、王国と大公国両地域の教員の状況を記したが、これはあくまで一例に過ぎない。今後ポホスカやシビャクの研究、並びに視学官報告に基づいて事例研究の分析を深める必要がある。

第七章　教区学校について

教育委員会の学校組織の中では、子供が三～四年の間、初めて学ぶ学校が教区学校であった。教育委員会創設以前の共和国における教区学校については第一章で記したが、十八世紀後半までは、教区学校は個々の教区にあるいは当該司教区を支配する高位聖職者に従属していた。また都市においては参事会や都市領主に従属していた。教育委員会はこうした学校に対して、どのような教育方針で臨んでいったのであろうか。

（一）教育委員会創設当初の教区学校の位置づけ

教区学校は教会との結びつきが強く、マグナートをパトロンとしていた面も強かった。同時に教育委員会委員の多くはマグナート出身者であり、彼らには重農主義信奉者も多かった。彼らは、領主が所領の農民に必要な教育を施して、農民を啓蒙する必要性を唱えていた。

まず、一七七四年の教区学校規程を引用したい。

【史料4】 教区学校規定　一七七四年

（各節のアルファベットA～Hは便宜上訳者がつけたものである）

子供の頃最初に体験したものは、その後の人生の思考方法や振る舞い——各人の幸福の元——の発端となる。その点を踏まえると、第一ではないにせよ、教区学校が教育委員会の注意を引くのは容易に想像できる。

教区学校に関する法規に関して、三つの普遍的な視点——教員に関する点、若者の鍛錬に関する点、学校の秩序すなわち規律に関する点——が重要である。

（A　教員について）

1　教育委員会は、学問の道を志す者がまず教区学校教員になり、その第一段階を経てアカデミー最高の職に移っていくことを望む。

2　この法規が効力を持つ前に、教区学校教員の職を下に見る誤った意見を打ち砕く必要がある。各学校でこの仕事の能力を有する人々が形成されるまでは、司祭の努力によってその作業に相応しい人々が選ばれる。

3　聖職者も、俗人独身者・妻帯者も、教区学校教員になることが出来る。その選抜は慣習への適応、能力、熱意に基づいて行われるべきである。

4　郡学校から派遣された毎年の教区学校訪問（視学）は、学校に報酬を約束し、義務を奨励する。

5　視学官訪問の際、子供がどれだけ能力を持つかを試験することは、教員のその後の昇進の糧になる。
6　教区司祭は自費でそれらの学校を維持するが、教員に対しては、彼らの習慣を監督することと郡学校校長に知らせる努力をすること以外は、上司としての振る舞いはしない。
7　教員が病気の場合、地域の教区司祭は、（交代を）知らせるとともに、当面の間教区司祭自身または（彼の下の）教区教会に属する誰かが、その若者を巡る有益な仕事を引き受ける。

（B　若者の訓練について――肉体と精神について）

1　両親の家はあたかも新生児の学校の第一学年のようなものだ。そこで、秩序と熱心な監督のもとで育てられた子供たちは、より容易に教区学校での習慣に慣れるのである。
2　寒さ、不便さ、辛さが彼らにとって習慣になり、彼らの中で力と忍耐強さが形成されるためには、子供にはいかなる甘やかしも禁物である。
3　およそ、子供の体力の向上に供すべきことは、些細な事とみなすべきではない。それゆえ彼らの食べ物、衣服、寝具、住居、生活環境は配慮されなくてはならない。というのも、それらすべてが、健全で強靭で男性的な人間を作る縁になるからである。
4　子供たちにとって競技や遊び自体は、プラトンが言うように、重要なことである。彼が掟に記しているように、鍛錬、運動、辛苦によって機敏さ、器用さ、体力が鍛えられる。
5　労働と手作業を彼らに薦めること。それによって肉体を強めながら、身体的健康と英気が魂と理性のコントロールを活性化する。ソロンが言うように、とりわけ支配者が努めることは、市民が健全で男性的な肉体の中に善き精神を宿すようにすることである。

（C　精神に関して）

人間の肉体を形成しつつ、さらに大きな努力をもって人間の精神を保つ必要がある。道徳教育は体育より困難なのであるから。理性の光を照らして、心の中に美徳を植え付けること、それこそが教育全体の目標であり成果である。人生の初めから、両親も教員も、そのことに全力を注ぐべきである。精神のさらなる向上はより上級の学校に委ねて、教区学校教員には読み書き算術のみを推薦する。

（D　読むことについて）

1　読む学習はまず、読むこととは何であるか、何の役に立つのか、何から成り立っているのかを、子供たちに対して最大限に易しくあらわすことから始めるべきである。

2　（教員は）、例えば子供にパンを見せてから、この名前は二通りで表される、ということを言葉（発話）によって言うか、あるいはその単語を書くことによって示す。この書かれたものは一定の文字から成っているので、そこから子供たちに文字を知る必要を示すのである。

3　こうした方法で子供に文字を教えることの効用について――子供たちを二つのグループに分け、教員は全ての子供が見ている黒板に文字――例えばAを書く。教員はこの文字の名前を繰り返し言う。そして一方のグループに文字の名前を言うように命じ、その後他方のグループにも言わせる。さらに全グループに文字の名前を尋ねる。子供たちは機械的に文字を構成する線の組成を知るであろう。そしてその文字を脳裏に強く焼き付けるであろう。この方法で子供たちは、一つ一つの文字を知らされるであろう。そして一つ一つの文字について正しいかどうかを自問し、最初の文字の名前に戻ってくる。喜びと驚きを持った体験がなされる。一つの学校の四〇名かそれ以上の生徒が、この方法によって一日ですべてのアルファベットを学ぶことが出来るのである。

4　読書学習のもう一つの方法は三〇年前からデュ・マ氏が唱えていた、金属か木彫りの版型の文字を使って、アルファベットを既に知っている子供たちに次々と文字を取らせて、子供が知っている単語を作らせる方法である。例えば子供にMを探させる。次いでAとTを加えて一つの音節部分を作らせる。またKとAを新たに加えることを命じる。子供は、心地よく親しみのあるMATKA（訳注　Matkaは「母」の意）の言葉を見出して驚き、上手な音節分けに慣れていく。この方法は、他の方法以上に今後教区学校で用いられることを教育委員会として薦めるものである。

5　どの子供も初等読本を持つことになる。その中で表に記されている文字が事物の名前と似ている、ということを彼らは想起する。翌日それと同じ文字がもつその他の様々な印象を、教員の指導によって知らされる。

6　これらの表が、教区教員や教区司祭の監督の下で村や家庭にあるならば、読む能力のある子供は村中で重宝されるだろう。こうしてゆっくりとではあるが、読みへの指向が村の民衆の粗野さや野蛮さを打ち崩すだろう。こうした文字盤を購入する費用負担であるが、何らかの形で啓蒙化されて自分の領民の幸福を求めて憚らない世襲領主であれば、喜んで負担しようとするだろう。

7　正しい音節構成は、明瞭で正しい読解の訓練になる。さらに句読法や正書法にもつながるものである。

文字盤に示して音節を組むという方法は、文字を知る方法と同様、子供たちにとって容易である。

8　子供たちが最初に読み書きすることを学ぶ言葉は、国語の言葉で、単純で広く理解されるもので、それ自体を知らせ、知ったものを言葉で呼ばせ、呼んだものを文字で発音したり書かせたりして、特に子供が使用し、最も身近に子供を取り巻くものでなければならない。具体的には身体、料理、衣服、建物、家具、薬草、樹木、花々、果物、家畜、鳥、鉱石、昆虫などである。

（E　書くことについて）

1　予め文字盤に示して認識するのと同様に、文字を書く場合も子供の目の前で文字を書き、隣に同じようなものを書かせるのがよい。それを一度消して学生にもう一度書かせる。そして十数人の子供にそれを繰り返させる。その結果全員が容易に文字の形を認識する。その後も交替で文字を書かせて、それを教員が見守ることである。

2　子供たちは、蠟引きの紙に透けて見える文字の範型に重ねて文字を書いていくが、これは良い書き方に習熟する好ましい方法である。その文字盤、そして教員が監修した一般用文字盤が、子供たちが効果的に学修するのを容易にするだろう。

3　文字を書く学習に続く最初の筆記は、国語で行われなくてはならない。分かりやすいもので同時に理に適ったもので、単純で明快な表現のものでなければならない。

4　そうしたことを書くことは、子供たちが読みやすくつながっていない文字を書くことに限らず、点を付けたり正書法を守ることに習熟させ、良好で理にかなった読解にも大いに貢献する。

（F　計算〔算術〕について）

1　算術は、買い物、売り物、経営、人々の統治、軍隊、労働、産業といった社交生活におけるあらゆる秩序の元である。これらはいずれも計算なしでは成り立たない。それゆえ子供たちにこの学問を真摯に伝授する必要がある。

2　目に見えるものを計算によって解決すること。たとえば豆や他の穀物の粒を使って子供たちに数を示し、穀物と穀物を足したり、穀物から穀物を引いたりすることは、足し算や引き算が何であるかを容易に理解させる。その後同じ方法で、掛け算は足し算を幾度か繰り返したものであり、割り算は引き算を幾度か繰り返したものであることを明らかに認識するようになる。

3　このように計算を分かりやすく説明し、特定の価値をあらわす数字を示して、数字を使って計算することを示すことによって、子供たちを理屈に馴染ませる。その後の数学や幾何の講義において困難にぶつかることもなくなる。

（G　学校の秩序と規律について）

1　教育全体の時期は一二年間に収めなくてはならない。それゆえ子供たちは、四歳か五歳から最初の教育を始めて、一七歳か一八歳には祖国への奉仕に貢献できるようにならなくてはならない。

2　個人の長所や適応力による各人の特性の違いを保ちつつ、子供たちの間でのあらゆる条件の平等は維持される。シュラフタの子供も農民の子供も、社会においては同じ子供であるということを肝に銘じるべきである。

3 強壮さと快活さを保つこと。それは心身の健康を大いに増進する。

4 労働と絶え間ない作業に慣れること。

5 恐怖によってではなく、子供自身の必要に基づいて、従順へと子供を導くこと。他のあらゆる方法は禁じられる。従順は分別に基づくもので、盲従的なものでも卑屈なものでもない。

6 （教員は）容易に理解できないことは話さず、理屈でたどり着けることを教えるべきである。また、言葉やイソップ寓話、あるいは手作りの寓話などの例示によって子供により多くを教えるべきである。奇跡や神秘的な事象のような個人的な事柄は子供の理性には一致しない。より上級の学校で、そうした道徳を知る時が来るであろう。

7 早くから嘘をつくことを学ばないように、（教員は）嘘をつく必要に至らせず、激しく叱ること、ましてや罰を下すことのないように留意する。

8 早い時期に自力で体や心を消耗させないように、堕落的なものだけでなく、何らかの激情に駆られるような機会から生徒を守るべきである。

9 自分や他者に害をなすような自由の乱用がある場合は別であるが、子供から自由を奪ってはならない。そして自由の味と自由への尊敬を早い時期に彼らに知らしめるべきである。

10 子供たちが学校を自分たちの監獄としてではなく、素敵な住まいとして見るように、子供が学ぶ部屋は、広々としていて天井が高く、乾燥して風通しが良い場所で、煙突や暖炉が備わっていて、可能な限り楽しく、絵画や都市の地図で飾られて、常に秩序が保たれていなくてはならない。教員は持ち前の愉快さで、学問の味付けをする必要がある。

11　よりよく適した子供への褒賞は、年齢に応じて教員からの善意とともに与えられるべきであり、その善意は子供の心をとらえて、教員に対する愛すべき信頼と学問に対する意欲を実現するものである。

12　教員は、そのために作成され、印刷された表に記された方法で、個々の子供に対する公正で詳細な評価を毎年、郡学校に送らなくてはならない。

（H）以上が教区学校に対する規定である。同時に解決された環境が整えば、この規定をより良くする機会を与えることになる。そこから普遍的な幸福が生じることになる。初等教育が人生を規定するものであり、同時に最も難しい仕事であると認めないことは難しい。しかし、甘い果実を期待できる若い芽を育てることを、なにゆえ蔑むことができよう。古代の民族には、一種類の教育しか知られていなかった。エパミノンダス（訳注　BC五～四世紀のテーバイの政治家）は長い人生の最後の年に共和国第一の官職にあったが、自分が五歳の時と同じように話し、考え、行動していた。一方我々は両親、教員、世間から三種類の教育を受けていたが、その最後のもの――世間からの教育――が前の二つの規範をぶち壊している。それゆえ、両親と教員のあらゆる努力はただ一つ、すなわち誰もが子供のころから常に、健康な考えを健康な身体の中に宿らせるように意図すべきである。

（二）一七七四年『教区学校規定』と教区学校

バルトニツカによれば、上記の『教区学校規定』には、初代教育委員会委員全員の署名があったが、この規定はマッサルスキをはじめとする啓蒙主義的マグナートの見解が強く反映されたものと言われている。第一節（A）は教員に割かれている。教区学校での仕事は、その後の大学を終点とする教員の第一段階とみなされる。ここでは、教区学校教員が他の学校教員に優るとも劣らないことが強調されている。また、教員採用の決定権は教区司祭が持つが、教区学校では聖職者も世俗教員も雇うことが出来るとされた。

加えて、教区学校の監督は郡学校に委ねられるということで、学校ヒエラルキーの中に教区学校を位置づける姿勢が濃厚である。ここには、教区司祭に経済的に頼らざるを得ない状況と、教育委員会が教区学校行政のイニシアティブを握りたい状況のジレンマが感じられる。

身分制教育との関係では、教区学校はあらゆる身分の子供を対象にしていた点は特筆に値する。これは教区学校と中等学校の単線教育、つまり農民の中等学校への進出を許容するものでもあった。科目は読み書き算術の三つに限定され、ラテン語は入っておらず、ポーランド語が支配言語であった。また『規定』では、「初等教育が人生を規定するものであり、同時に最も難しい仕事である」という方針に基づき、教区学校に一般教養的な性格を持たせた。

『規定』では、体育には多くの記述が割かれた。子供の鍛錬と衛生の基本の遵守が勧められ、演奏や遊びを適度に選択すること、子供を労働に慣らすことが勧められた。また、古代ギリシアの教育を一つの範とする姿勢もうかがえるが、何に由来するものなのかは検討が必要だろう。また、独立した科目として宗教・道徳に関する科目はないが、「教育の目的は美徳の涵養にある」と精神教育の断片には触れられている。教員に対しては善意をもって生徒に接することが求められる。さらに、恐怖ではなく分別に基づいた、また奇跡や神秘よりも理屈で体得させる教育の重視も特徴といえよう。自由の重視を理解させることも特記されている。

母語で読み書きをすることには多くの時間が割かれた。文字を学ぶ際には、アルファベット順ではなく、難易度の順序に基づいて教えるべきとされた。子供たちは皆、初等読本を持つべきである。また若者は家で、家族に対して黒板を使って読み書きを教えるべきである。こういう形で広い周囲に影響を及ぼすという学校の新たな機能が見いだせる。ここには、子供の読解能力が学校だけでなく農村社会の啓蒙化に供するという姿勢が強く打ち出されている。算術に関しては、日常社会との接点を重視する姿勢、目に見えるものを基準に計算を理解させる姿勢が濃厚である。

(三) 一七八〇年『教区学校規定』から一七八三年『学校法』へ

教区学校に対する教育委員会の法令は、上記の七四年『教区学校規定』ののち、一七八〇年、一七八三年に改訂されている。本稿では以下にそれらの規定の概要を記しておきたい。

一七八〇年に編まれた『教区学校規定』は主に二部で構成されていて、第一部は健康、衛生、教育、調査に関する全般的指針、第二部は教授法の指針、毎週の学習案、宗教的な実践規程などの具体的指針が示された。

この規定は基本的には七四年『教区学校規定』の踏襲である。様々な身分の子供の平等を保持する文言が盛り込まれていたが、教養の水準は以前よりも高く設定されていた。ポーランド語とラテン語を同時に用いうること（ただし生徒が上級の学校に進学する学校のみ）、ドイツ語の導入などの言及はあったが、農学に触れられることはなかった。

一七八〇年以降は大学校が教区学校監督の責任を負った。視学官たちは教区学校として登録されている学校を視察した。基本的に視学官による教区学校訪問は義務ではなかった。また多くの場合、視学官には学校訪問のための時間と費用が不足していたため、自ら学校を訪問するのは稀であった。ポホスカによれば、一七八二〜九三年の期間に実際に視学官が訪問した教区学校は四五校に過ぎなかった。その場合、郡学校校長か副校長が、教区学校を訪問しているか否かの情報を集めた。同時に彼らは、在地の司祭や村や町の所有者に対して教区学校設置を勧めた。（一七八三年『学校法』第六章）

一七八三年の『学校法』一二章において、教区学校は二つのタイプに分けられた。一つは主に都市民を対象とする規模の大きい学校であった。ここでは宗教、道徳学、読み書き算術、度量衡の知識、貨幣、庭園学、農学、人と動物に関する健康の知識、手工業、家内経営に関する実践的知識が盛り込まれていた。今一つは、プログラムが限定された農村の小規模学校であった。こうした見直しは、シュラフタの側からの反発を考慮したものともいえよう。

勉学は九月二九日から四月二三日まで続けられた。夏季には、日曜日に集合して体得した事柄を継続することが勧められた。農村における勉学の時期については、子供たちが両親の農業労働を助けられるように、教区司祭と協議が図られた。子供の心を傷つけてはならず、体罰は例外的なもの以外は認められない。

教員には三か月に一度、校長か副校長に生徒に関する報告をすることを義務付けられる。また半年に一度、学校の仲介で、教区司祭や領主が見守る中で資格更新を行わなくてはならない。

（四）教科書と読本

教育委員会の委員たちは一七七六年以来、初等読本協会に対して教区学校用『読本』の刊行を働きかけていた。ようやく一七八五年になって、初等読本協会の努力の賜物として、『国民教区学校用読本』が刊行された。それは複数の執筆者の合作で、道徳をピラモヴィチ、算術を司祭のアンジェイ・ガブロンスキ、読み書きをコプチンスキ、教理問答をガブロンスキ、コプチンスキ、コウォンタイ、ユゼフ・コブランスキが担当した。

ピラモヴィチは道徳を、知識は国家の必要に供するという信念に基づいて捉えようとした。それゆえすべての人々に共通の祖国の概念と公民の概念が導入された。

読み書きでは、コプチンスキによって文字の学習に分析的方法が用いられた。またガブロンスキは算術の章においてエンドウ豆の粒や貨幣を使った練習を導入した。これは七四年『教区学校規定』における記述の踏襲でもあった。

ただ、この読本は学校での実際の使用は限られていた。原因として考えられるのは、教員がこの本を十分に使いこ

ELEMENTARZ
DLA SZKÓŁ PARAFIJALNYCH
NARODOWYCH,
ZAWIERAIĄCY
I. NAUKĘ PISANIA I CZYTANIA.
II. KATECHIZM.
III. NAUKĘ OBYCZAIOWĄ.
IV. NAUKĘ RACHUNKÓW.
Pierwszy raz wydany.
Bez oprawy gr: 27.
w KRAKOWIE 1785.
w Drukarni Szkoły Głównéy Koronnéy.

『国民教区学校用読本』の表紙

なせなかったこと、両親が本の購入に積極的でなかったことなどが挙げられる。結局一七九二年までに売れたのは五四二部（発行部数は一二〇〇部）に過ぎなかった。残部の一部は県学校、郡学校の初等クラスで文字が読めない生徒のために使われた。

また一七八七年には、ピラモヴィチによって『教員の義務、つまり教区学校におけるその履行方法』と題された教員用指導書が書かれた。本書は教員、体育、道徳教育、知的教育の四章からなっている。子供との接し方では、子供の自然な発達と子供の心理が重視された。子供の天性の関心を活用して、学問に対する関心を抱かせるべきであることが強調された。知識選択の基準は、それが有益であるか否かであった。ジョベールによれば、これは「イエズス会教育で最良のものと、啓蒙主義が求める最も健全なものが結びついたもの」である。本書は、教区学校に従事する者のために書かれた、ヨーロッパ初の指導書ともいわれる。

（五）教区学校の運営、教員や地域との関係

一七七四年、教育委員会は二五〇〇校の教区学校設置（10村に1校）という野心的プランを作った。一校当たりの年の運営費を一〇〇ズウォティと換算すると、年間二五万ズウォティの費用が掛かるものであったが、実現には至らなかった。

教育委員会は、一七八一年以降県・郡学校の校長、もしくは総視学官を通じて、教区学校の監督を行おうとした。また、村の所有者や小都市に対して教区学校建設や維持を薦めたが、教区学校に対する教員、

施設、資金を十分に管理することはできなかった。それゆえ、教区学校の運営には、教区司祭の善意と領主の気前の良さが頼りというのが実状であった。こうした状況は、自ずと教区学校改革の不徹底さを引き起こした。

　ムロゾフスカによれば、一七七三～九三年の間、ポーランド王国では短期間のものを含めておよそ四二〇校の教区学校が運営されたと推定されている。だが、地域による普及度の違いも大きかった。同じくムロゾフスカによると、一七九〇～九二年の時期、クラクフ県では一三八校が、シェラツ県では九五校が運営された。二〇年間を通じて学校数が比較的多かったのは、カリシュ、クラクフ、ポズナン、シェラツ、サンドミェシュの五県である。反面、プウォツク県では一校、ヴォウィン学校区でも六校しか開校されていなかった。また、ウクライナ、ポドレ、ヴォウィン学校区では、教育委員会の政策に反対するマグナート達の権力が強く、教区学校は普及しなかった。一方、ヴォウィン学校区の小都市ロハチェの学校のように、事実上チェルニフフ県知事ルドヴィク・ヴィルガによって経営されていた学校もあった。ここでは教員の給与も彼が払っていた。しかし、都市の収入が減少してくると、給与も払われなくなり、学校の建物も郵便局に転用されてしまったと言われている。

旧教区学校の建物（ビドゴシュチュ）

　一方、都市自治体や農村領主が運営した学校もある。ウェンチツア県ズキェシュでは、都市民が教員に給与を支払い、生計を保証した。しかし一七七六年以降、今後の保証が維持できなくなり学校は衰退した。クラクフ県クシェンジでは、一七七六年以降在地の教区司祭が学校の建物や教員の住まいを提供し、教員に年俸を支払った。ヴィエロポルスキ家はこの学校の脇に、一二人の村の青年のための寄宿舎を設置した。この学校は一五年間存続した。一部の教育委員は、一定の地域で教区学校組織の維持、発展を目指した。アダム・チャルトリスキはコビラ・グラ、イグナツィ・ポトツキはクルフで学校を運営した。しかし啓蒙主義的マグナートによって教区学校経営が援助されたケースは限られていた。多くの農村では資金も教員も調達が困難で、農民自体も教育の必要を理解しないことが少なくなかった。領主自体、労働力が減り、逃亡や反乱の原因になると考えて農民を学校に通わせることを禁じた例すら見られた。農民は、多くの場合、子供に対して農作業に優先して教区学校に通わせる必要を感じていなかった。

リトアニアでは、教育委員会創設まで教区学校自体が少なかった。一七七四年三月、マッサルスキは一定数のイエズス会教会を譲り受けることとの引き換えとして、三教区に一校の教区学校を建設することを義務付けた。彼は教会訪問の際に教区学校の状態を紹介し、司祭に学校創設を呼びかけた。一七七七年二月の契約では、教育委員会はヴィルノ司教区のために一定の財政負担を行い、五〇名の教区学校教員候補のために二万五〇〇〇ズウォティの援助をすることになっていた。しかしヴィビツキが視学官として赴任し、マッサルスキが関わった財政的な着服の問題が顕在化すると、マッサルスキの教区学校に対する関心は薄らいでいった。その結果、教区学校の総数は減少することになった。

地理的条件も教区学校経営を困難にすることがあった。道路の未整備、川の洪水などが常時の学校運営を阻んだ。ブラツワフ、キエフ、ポドレの東南部諸県ではその傾向がとりわけ強かった。

視学官報告によると、概して都市や小都市では、都市所有マグナートや啓蒙主義的な司祭のおかげで比較的教区学校の状態は良かったが、農村の学校の状態は驚くほど悪かった。そこでは生徒が家畜たちと一緒にひとつの部屋に集められ、同時に学習が行われていたことすらあった。冬季三か月のみしか開校されない学校もあった。

総視学官の報告によると、一部の修道院は、教育委員会が導入した学習方法に関する規定を無視し、非合法の学校を創設した。そこでは教育委員会の教区学校規定に捉われない、教育委員会創設以前の原則に従って教えられた。また、両親による学校改革への不満を利用して、修道院は教育委員会の学校から生徒を奪った。こうした状況に鑑みて、教育委員会は、教区学校の名を騙ってラテン語や改革前の方法を用いていた非合法の学校が活動することに目を光らせた。非合法の学校は教育委員会の改革された中等学校とも競合していたが、中等学校から生徒を奪い、教育委員会の学校ネットワーク拡充を困難にしていた。

教区学校の身分別の生徒数はどうであったか。ラッカウスカスによれば、一七七七年にリトアニア大公国で三三〇校の教区学校があり、そこで学ぶ四九五六名の生徒のうち、三九七三名（78・8パーセント）が都市民と農民出身者であった。グロドノ地区ではシュラフタ出身者が17パーセント、コヴノ地区では23・5パーセントを占めていた。王国におけるデータが確認できないので、憶測の域を出ないが、上記のデータは、教区学校教育における身分を越えた教育がある程度行われていたことを示している。七四年の諸改革は、教区学校と中等学校の連続性の確立という点で一定の成果を見たのではないか。

最後に教区学校教員養成の状況に触れておきたい。教育委員会設立当初から、体系的な教区学校教員養成機関はなかった。その解決手段として、マッサルスキの尽力でヴィルノに教区学校教員養成専門学校が開設された。一七七五年春、一六名の学生が勉学を始めた。学生たちは、卒業後一定期間教区学校での労働を誓約したが、それを守らない場合は罰金が科せられた。学費は無料であり、学生には衣食住が保証され、学問的援助も行われたが、にもかかわらず希望者は少なかった。王国でも、ミハウ・ポニャトフスキが運営したウォーヴィチの教員養成専門学校は、ポニャトフスキの負担で最初は一六名、その後二四名の学生が学んだ。彼らは生計が保証される中、教区学校で教えるプログラムの教育を受け、オルガンと教会合唱の演奏を学んだ。三年間の勉学の後で、彼らは教区学校で教えなくてはならなかった。

終章　教育委員会の意義と後世への影響

教育委員会改革の意義について

本書では教育委員会の改革の特徴を、その背景、成立過程、委員会の成立、初等読本、大学改革、中等学校改革、視学官と教員育成、教区学校改革などの観点から分析した。

教育委員会は、十八世紀半ばのコナルスキらの先駆的改革を背景にして、啓蒙主義を武器にした明確な目的を持った組織であった。また、その改革の原動力として、ヨーロッパ規模で行われたイエズス会解散という出来事を、資金面や人材も含めて活用したことは画期的であった。加えて、教育改革には、国王スタニスワフ・アウグストを筆頭として共和国を代表する啓蒙主義的マグナートたちが加わっただけでなく、議会の支持も得て、改革を支持する旧イエズス会士、ピアリスト会修道士、クラクフ、ヴィルノ両大学の教授など様々な教育のエキスパートがそれを支えた。新たに養成された世俗教員の果たした役割も大きかったといえよう。以上の点においては、教育委員会の改革は新しい時代の要請を正面から受け止めた、国家規模の改革であったということができるだろう。本書ではあまり触れることが出来なかったが、こうした改革の普及に、改革派議員、教育委員や初等読本協会関係者による宣伝活動が果たした役割も少なくなかった。

では、社会の支持という点ではどうであったか。ムロゾフスカも述べているが、この点においては教育委員会の改革は、短期間で地方社会に十分に浸透したわけではなかった。とりわけイエズス会に愛着を持っていた地方の保守的な中流・零細シュラフタは、イエズス会解散にも新しい教育にも賛成することはなかった。視学官報告が示すように、アルヴァレスの教科書への愛着、新たな科目への批判は後を絶たなかった。こうした状況の中で、中等学校の中には出席率が低迷したケースも少なくなかった。修道院によって開かれていた非合法の学校や、国境を越えてプロイセンやロシアの学校に通う学生も見られた。教育委員会の改革は、それらの問題と常に戦うことになった。

さて、全体のまとめを兼ねて本章では、教育委員会活動の末期にあたる一七八八年以降の状況を概観し、さらに国家滅亡後の状況についてもまとめておきたい。

一七八八年から始まった議会（いわゆる四年議会）では、国政改革の動きの活性化の中で、教育委員会による教育改革の賛否を巡る議論も活発になっていった。一七八八年の地方議会では、旧イエズス会資産は軍事費に転用し、学校は教育委員会の指導下で修道院に託すべきという発言が見られた。また司祭で旧イエズス会士のワルシャワ新聞編集長、ステファン・ウスキナは一七九〇年一一月に以下のような発言を行った。彼は、ローマ教皇庁に対して「四年議会がイエズス会復活を願い出るべきだ。イエズス会士たちが再び教育を担う準備が出来ている」と訴えたのである。この発言は反響を呼び、シュラフタが修道院復活に前向きになることを後押しした。そして、この年の地方議会の二〇の指示書（各々の地方議会が次の議会で扱われる議題に関して自らの地方の見解を記した文書）のうち、八つがイエズス会復活を求め、そのうち六つはイエズス会が教育委員会の管理下から脱すべきと主張していた。また、大学付属中等学校に対する批判的な雰囲気を代弁して、ポズナンの代議員ウカシュ・ブニンスキはシロダの地方議会で演説した。「教授たちは在俗者から集められ、妻帯者もいる。教育よりも経営能力で集められている。自分以上に優れた規律を持つことが出来ない。それゆえ、質の悪い学問のために、両親は子供たちを学校に預けることを嫌っている。金持ちは外国から教員を呼んでいるし、裕福でない者は子供をヴロツワフやグウォグフやヴァウチュの学校（訳注　プロイセン領の学校）に預けている。一七年前までは悪くないイエズス会学校があった。ポズナンのイエズス会学校とトゥムのアカデミーには三〇〇〇名、フスホヴァには二〇〇名、ミェンジジェチュ二〇〇名、カリシュのイエズス会学校には三〇〇〇名がいた。つまりヴィエルコポルスカ県のイエズス会学校には一七年前まで六四〇〇名の学生がいたのだが、今は併せて四〇〇名しかいない」。

ここでブニンスキが挙げている数値は正確なものではない。しかし多くのシュラフタの関心を引き付けた。こうした地方議会の指示書や議会の演説からは、シュラフタの世論がいかにたやすく、普遍的な教育改革に背を向けることが見られたということである。

しかし、四年議会期においては、議会や視学官報告で、教育委員会改革がポジティブに取り上げられたのも確かである。視学官報告では、以前に増して称賛に値する学校や教員が取り上げられ、マグナートや地主シュラフタからの好意的評価も増えた。これらは教育委員会への批判に対する防御になった。コウォンタイも、『匿名者の書簡』において、「ヨーロッパは古今の教育法制において、これほど理性的なものを達成したことはなかった。市民の子供の教育は、（教育委員会によって）国民政府の利得になり、同時に

ユリアン・ウルシン・ニェムツェーヴィチ
士官学校卒業後、コシュチューシュコとともに北米に渡り、アメリカ独立革命に貢献。四年議会時に教育委員会擁護の演説を行った。

教育の統一性は、統治の安定性の保証になり、統治の中でのより大きな合意の保証になった」と教育委員会を称えた。同時に彼は、教育委員会ほど整った国民教育システムは他国にはないと強調している。ユリアン・ウルシン・ニェムツェーヴィチも、一七八九年の議会演説において、教育委員会のカリキュラムや「文部省」としての活動を振り返って、教育委員会の意義を総括した。そして、教育委員会が蒔いた種から新しい世代が育つ、彼らがポーランド民族の活動に幸福な条件を作り出す、彼らによって先人の美徳ある慣習が取り戻されるのだと強調した。さらに一七九〇年にイグナツィ・ポトツキが起草した『政体案』では、その第九章において、教育委員会がすべての教育行政を統括し、学校の監督は警察省と秩序委員会が行うこと、中等学校教員や大学教員の給与引き上げも盛り込まれた。

この時期における変化として付言しておくと、教区学校に対する監督は、一七八九年一一月に召集されたリトアニア、ポーランド別個の民事軍事秩序委員会が担った。県から派遣された市民が教区学校の状態を統制する権限を与えられて、義務不履行の教区学校に対してはその司祭に罰金を科した。この委員会による地域の特性に立脚した政策によって、教区学校の数は大きく増加し、初等学校ネットワークが強化されたことは確かである。クラクフ県の教区学校は、一七九〇～九二年の時期に一三八校に増えた。シェラツやサンドミェシュ県でも同様の増加が見られた。王国全体では、一七八三～八四年には一八三校だったが、秩序委員会期にはおよそ三七五校に増加した。

そして四年議会のクライマックスに当たる一七九一年五月三日憲法は、教育委員会の地位を高めた。この憲法において、国家の四つの行政委員会の中で教育委員会は最上位に置かれて、委員会の立場が明確に守られたのである(第七条)。一七九一年春からの一年間は、学校が特別に盛り上がった年であった。五月三日憲法を称える催しや憲法制定一周年の催しが、愛国主義的な雰囲気を高めた。そこでは、教員の演説や組織された行進を通じて、憲法への支持が表明された。

以上の状況を勘案すると、教育委員会は社会において賛否両論があり、決定的な支持を獲得したとは言えなかった。とはいえ、繰り返しになるが、この段階で教育委員会は総体的に多くの成功ももたらしたことも確かである。当時のヨーロッパでは稀有の単一の学校制度を打ち立て、学校制度の国民化——明確に方向付けされた教育と言語面での国民化——が進められたこと、そして体系的な『学校法』の作成である。だがその後、教育委員会を取り巻く状況は急速に厳しい方向に向かう。一七九二年五月、ロシアの後援で憲法に反対する有力マグナート達が結成したタルゴヴィツァ連盟が国制の主導権を握ると、教育委員会は王国と大公国の二つに分割された。分割された時期は数か月のみでその後教育委員会は統合されたが、教育委員会自体の実質的権限は回復しなかった。最終的に教育委員会はコシチューシュコ蜂起の開始直後(一七九四年四月)まで存続したが、九二年以降は政治状況の混沌と相俟って、十分な活動ができたとは言えなかった。そして一七九五年にはポーランド国家自体が滅亡することになった。また教育委員会に関わった主要人物のその後も命運が分かれた。コウォンタイは、視学官や学長としての活動がのちの政治活動の動因になり、改革運動の主導権を握ることになった。同様にイグナツィ・ポトツキも、教育委員会や初等読本協会での活動が四年議会の活躍につながっている。一方、マッサルスキは国家の裏切り者のレッテルを張られて、一七九四年にワルシャワ旧市街の市庁舎で処刑された。国王スタニスワフ・アウグストも、国家滅亡後ペテルブルクで幽閉状態に置かれ、一七九八年に異郷の地で亡くなった。

十九世紀への影響

一七九五年、第三次分割によって共和国は近隣三国にすべての領土を分割されて、国家が消滅した。この時期、教育委員会の制度はどうなっていったのか。

ポーランドを分割した三国の中では、プロイセン、オーストリアとロシアとの間では教育政策に大きな相違が見られた。プロイセン、オーストリアは占領地のゲルマン化政策を推進した。オーストリアの支配下に置かれたクラクフ大学では、多くの教授がドイツ人で占められ、ポーランド人の元教授の多くはロシア領に移住した。プロイセンの大臣フォン゠シュレッターはドイツ化、ドイツ語使用の強制を敢行した。また、ポーランド教育文化の代表者としては、プロイセン領となったワルシャワ王立アカデミーにサミュエル・ボグミウ・リンデ、スタニスワフ・ポトツキ、コプチンスキらが残っていた程度である。

ロシア領ポーランドにおいても、エカテリーナ二世の統治期は教育委員会の影響を保持する動きは見られなかった。イエズス会に教育を託すことを目指していた彼女の政策と教育委員会は相いれなかった。パーヴェル一世期になると、リトアニア゠ロシア教育委員会が設立されたが、イエズス会依存の教育体制は変わらなかった。こうした状況に変化の兆しが見られたのは、アレクサンドル一世の治世になってからである。その際、アレクサンドルの教育政策の片腕になったのが、一八〇四～〇六年に外相を務め、秘密委員会の一員でもあったアダム・イェジ・チャルトリスキ（アダム・カジミェシュ・チャルトリスキの息子）であった。チャルトリスキの教育案の柱になったのが、一八〇二年一〇月に提出されたメモランダムであった。これは、一八〇三年五月にストロイノフスキやポトツキの援助を得てまとめられた『ヴィルノ法規集』のもとになった。この法規集は、一七八三年『学校法』の影響を強く受けている。この法規集に基づいてロシア領旧共和国（ヴィルノ教育管区）では、教育改革が導入された。その適応範囲は、ヴィルノ地区（ヴィルノ、グロドノ）、ベラルーシ地区（ミンスク、モギリョフ、ヴィテプスク）、ウクライナ地区（キーウ〈キエフ〉、ポドリア、ヴォウィン）などであった。この時期、帝国大学を名乗ったヴィルノ大学は、教育委員会時代と同様の自治を与えられ、定員数もペテルブルク、モスクワに次いで三番目の一二〇名であった。またドイツやイタリアから教員を集め、クラクフからはヤン・シニャデツキを呼び寄せ、のちにはロシアに亡命したコウォンタイの協力もえた。シニャデツキが学長だった時期のヴィルノ大学（一八〇七～一五年）は、その全盛期だった。コウォンタイ、シニャデツキは師弟関係にあったが、クラクフの天文台でシニャデツキの助手・代理人を務めたユゼフ・チェフは、一八〇五年にクシェミエーニェツのギムナジウム校長になり、大きな権威を獲得し、一八一〇年の死後その後の校長も彼を範とすることを誓った。さらにタデウシュ・チャツキも一八〇五年にクシェミエーニェツに二年制のギムナジウム（のちにリツェウムと改称）を設立した。その後、ヴィルノにおけるポーランドの影響を受けた教育の伝統は、一八二五年にアダム・チャルトリスキからノヴォシリーツォフに管理者が変わり、十一月蜂起後にヴィルノ大学が閉鎖されるまで続いたのであった。

こうした教育委員会の直接的な遺産とは別に、記憶の中でポーランド民族に教育委員会が及ぼした影響もある。一八七三年、教育委員会創設一〇〇周年の際には、ルヴフの教育協会の主導権で、記念式典が催され、歴史小説家ユゼフ・イグナツィ・クラシェフスキが教育委員会に関する記念講演を行った。またすでに第二共和国が再建されていた、創設一五〇周年に当たる一九二三年には、教育委員会に関する研究の活性化が進み、ワルシャワの都市参事会室でイグナツィ・フシャノフスキが講演を行った。ここで彼は、「教育委員会は国民に真の教育と、進歩的で近代的な学校を与えた。そこでは肉体、精神、知性だけでなくキリスト教的で民族的な感性も与えたのである。教育委員会は、ポーランド人の心に、教育なくしては国家も民族も長く維持できないことを教え込み始めたのである」と述べた。

こうした例が示すように、教育委員会の活動は現在のポーランド人の記憶に深く刻まれることになったのである。

あとがき

本書のテーマである国民教育委員会（一七七三～一七九四年）は、十八世紀後半のポーランド・リトアニア共和国の歴史的事蹟の中で、一七九一年五月三日憲法と並んで、もっともよく知られている改革である。ちなみに本委員会は、昨年創設二五〇周年を迎えている。

私事で恐縮だが、ポーランド史に関心を抱いてまだ駆け出しの頃、修士論文のテーマとして取り組んだのがこの教育委員会の改革であった。その後、ポーランド留学を経て、私自身の関心が国制改革の方に移ってしまったため、このテーマに関しては四十年近く前に短い論考を書いたきり、手つかずのままになっていた。でもその間、このテーマに対する関心が消えたわけではない。今回、およそ四十年ぶりに、この委員会に関する小著を上梓する機会を持てたことに感謝したい。

本文でも記したように、ヨーロッパ最初の文部省ともいわれる国民教育委員会は、イエズス会解散令という、共和国にとっては偶発的な外因を契機に創設された。しかし、それ以前の時期の共和国において、啓蒙主義の広がりと、教育によって共和国の知的水準や政治意識の向上を図ろうとする動きが、いわば地下水脈として定着していたことが、この事業を成立・発展させる大きな要因であったことは言うまでもない。学校経営、カリキュラム、教員養成、地域社会との協調などの面において様々な障害や限界を抱えつつも、一七九五年の国家滅亡直前まで活動したこの機関が、近代ポーランド・リトアニアの民族意識の向上に及ぼした影響は計り知れない。

国民教育委員会に関する研究史は、「はじめに」でも触れたように多岐にわたっている。今回の小著においては、委員会の概要をまとめることが中心になってしまい、様々な側面を十分に掘り下げることはできなかった。とりわけ、教師や視学官の各地域での状況に関しては、今回の分析は研究の蓄積に鑑みると貧弱なものと言わざるを得ない。当該研究文献の精読と視学官報告などの史料の分析を深めて、より実証的な結論を導けるように努めていきたい。

今回、史料に関しては、創設時の詔書、委員会の根幹組織である初等読本協会、視学官、教区学校に関する文書を取り上げた。ただ、これ以外にも大学、中等学校、議会との関係、当時流布した委員会に対する賛否の見解などに関する史料も多数残されている。今回紹介した史料は委員会に関するもののごく一部に過ぎない。教区学校規定に関しても、委員会初期、一七七四年のものを取り上げたが、大部の一七八三年『学校法』については訳出されていない。そのあたりも含めて、今後より詳細な分析を試みる必要があるだろう。

なお、今回取り上げた四点の史料に関しては、拙訳の査読・校閲を東京外国語大学の福嶋千穂氏にお願いした。ご多忙中にもかかわらず大変丁寧にチェックをしていただき、訳文の誤りを多く指摘していただいた。記して御礼申し上げたい。

今回も、本叢書第二巻と同様に、群像社の島田進矢氏、ポーランド広報文化センターのヤロスワフ・ヴァチンスキ氏に大変お世話になった。改めて感謝申し上げたい。

最後になったが、本書執筆に関しても、温かく見守ってくれた妻 香織にも謝辞を申し添えておきたい。

育再編の試み」、『東欧史研究』第 9 号、121 ～ 139 頁、1986 年。

白木太一『［新版］一七九一年五月三日憲法』、群像社、2016 年。

参考文献

一次史料

Komisja Edukacji Narodowej, T. Wierzbowski (oprac.), Warszawa, 1902-1915.
z.1-9, Raporty szkół publicznych
z.22, Raporty szkół parafialnych
z.24-29, Raporty wizytatorów generalnych
z.35, Protkoły posiedzień Komisji Administracyjnej Koronnej
z.36, Protkoły posiedzień Towarzystwa do Ksiąg Elementarnych
z.37-39, Protkoły posiedzień Komisji Edukacji Narodowej

Pierwiastkowe przepisy pedagogiczne Komisja Edukacji Narodowej z lat 1773-1776, Z.Kukulski(oprac.), Lublin, 1923.

Komisja Edukacji Narodowej. (Pisma Komisji i o Komisji). Wybór źródeł, S. Tync (zebr. i oprac.), Wrocław, 1954.

Reforma programu szkolnego Komisji Edukacji Narodowej, wybór tekstów, J. Libienicka (oprac.), Warszawa, 1962.

Pisma i projekty pedagogiczne doby Komisji Edukacji Narodowej, K. Mrozowska (oprac.), Warszawa, 1973.

Protokoły posiedzeń Komisji Edukacji Narodowej 1773–1785, M.Mitera-Dobrowolska (oprac.), Wrocław, 1973.

Raporty generalnych wizytatorów szkół Komisji Edukacji Narodowej w Wielkim Księstwie Litewskim 1782–1792, K. Bartnicka, I. Szybiak (oprac.), Wrocław, 1974.

Korespondencja Ignacego Potockiego w sprawach edukacjnych (1774-1809), B.Michalik (oprac.), Wrocław, 1978.

Raporty szkoły głównej koronnej o generalnych wizytach szkół Komisji Edukacji Narodowej 1787-1793, K. Mrozowska (oprac.), Wrocław, 1981.

Komisja Edukacji Narodowej, Bibliografia przedmiotowa, Wrocław, 1979.

研究文献

K. Bartnicka, K. Dormus, A. Wałęga, *Komisja Edukacji Narodowej*, tom.1, Warszawa, 2018.

・なお、本書は 2018 年に PWN 社から刊行された国民教育委員会叢書

の第 1 巻である。この巻は総論と史料集である。第 2 巻は A. Meissner, A. Wałęga 編の人名辞典、第 3 巻は二分冊で（J. Ryś 著、J. Kamińska 著）、二つの大学の改革に割かれている。そして、第 4 巻以降は各地域の改革が地域毎の分冊になっている（第 4 巻「ヴィエルコポルスカ学校区」、第 5 巻「マゾフシェ学校区」、第 6 巻「マウォポルスカ学校区」、第 7-8 巻「ウクライナとヴォウィン学校区」、第 9 巻「ピアリスト学校区」、第 10 巻「ジュムチ学校区」、第 11 巻「リトアニア学校区」、第 12 巻「ノヴォグロデク学校区」、第 13 巻「ポレシェ学校区」）。いずれも E-book でも入手可能である。

W. Bednaruk, K. Jaszczuk(red.), *Szkoła Rycerska, Kadetów Jego Królewskiej Mości i Rzeczypospolitej*, Lublin, 2016.

K. Buczek, *Hugo Kołłątaj i edukacja*, Warszawa, 2007.

J. Dobrzański i A.Koprukownial(red.), *Ze studiów nad Komisją Edukacją Narodowej i szkolnictwem na Lubelszczyźnie*, Lublin, 1973.

R. Dutkowa, *Komisja Edukacji Narodowej: Zarys działalności, wybór materiałów źródłowych*, Warszawa, 1973.

W. M. Grabski, *U postaw wielkiej reformy, Karta z dziejów Komisji Edukacji Narodowej*, Łódź, 1984.

W. Grzelecki, *Szkoły-kolonie Uniwersytetu Krakowskiego 1588-1773*, Wrocław, 1986.

S. Jeneczek, *Komisja Edukacji Narodowej, Studia i szkice z dziejów polskiej kultury interektualnej*, Lublin, 2018.

A. Jobert, *La Commission d'Education Nationale en Pologne (1773-1794)*, Paris, 1941. ポーランド語版は、A. Jobert, *Komisja Edukacji Narodowej w Polsce (1773–1794). Jej dzieło wychowania obywatelskiego*, Wrocław, 1979.

J. Kamińska, *Akademia Wileńska, Szkoła główna Wielkiego Księstwa Litewskiego*, Warszawa, 2018.

H. Kołłątaj, *Stan oświecenia w Polsce w ostatnich latach panowania Augusta III (1750–1764), Jan Hulewicz* (oprac.), Wrocław, 1953.

S.Kot, *Reforma szkolna Stanisława Konarskiego*, Kraków, 1923.

Ł. Kurdybacha, M. Mitera-Dobrowolska, *Komisja Edukacji Narodowej*, Warszawa, 1973.

J. Lebicki, *Komisja Edukacji Narodowej w świetle ustawdawstwa szkolnego*, Warszawa, 1923.

S. Litak, *Edukacja początkowa w polskich szkołach w XIII–XVIII wieku*, Lublin, 2010.

J. Lubieniecka, *Towarzystwo do Ksiąg Elementarnych*, Warszawa, 1960.

C. Majorek, *Książki szkolne Komisji Edukacji Narodowej*, Warszawa, 1975.

A. Meissner, A. Wałęga, *Komisja Edukacji Narodowej 1773-1794, t.II, Słownik Biograficzny*, Warszawa, 2018.

M. Mitera-Dobrowolska, *Komisja Edukacji Narodowej*, Warszawa,1966.

T. Mizia, *Szkoły średne Komisji Edukacji Narodowej na terenie Korony*, Warszawa, 1975.

T. Mizia, *O Komisji Edukacji Narodowej*, Warszawa, 1972.

T. Mizia, Szkoły średne Komisji Edukacji Narodowej w Koronie i społeczeństwo, *Przegląd Humanistyczny*,1973, R17 nr.4, s.19-40.

T. Mizia, Wychowanie fizyczne w szkołach Komisji Edukacji Narodowej, *Przegląd Humanistyczny*,1974, R18 nr4, s.4-53.

T. Mizia, Wychowanie nowego człowieka w szkołach Komisji Edukacji Narodowej, *Przegląd Humanistyczny*, 1972, nr.2, s.67-96.

T. Mizia, Nauka języka ojczystego i łaciny w szkołach Komisji Edukacji Narodowej, *Przegląd Humanistyczny*, R.17, nr.2, s.1-19.

T. Mizia, Nowe ujęcie nauki o poezji i wymowe w szkołach Komisji Edukacji Narodowej. *Przegląd Humanistyczny*, R.17, nr.3, s.1-14.

K. Mrozowska, *Funkcjonowanie systemu szkolnego Komisji Edukacji Narodowej na terenie Koronie w latach 1783–1793*, Wrocław, 1985.

K. Mrozowska, *By Polaków zrobić obywatelami*, Kraków, 1993.

K. Mrozowska, Educational Reform in Poland during the Enlightment, S. Fiszman(ed.), *Constitution and Reform in Eighteenth Century Poland*, Indiana, 1997.

J. Nowak-Dłużewski, *Stanisław Konarski*, Warszawa, 1951.

H. Pohoska, *Wizytatorowie generalni Komisji Edukacji Narodowej*, Lublin, 1957.

J. Popłatek, *Komisja Edukacji Narodowej, Udział byłych Jezuitów w pracach Komisji Edukacji Narodowej*, Kraków, 1973.

J. A. Račkaukas, School Visitations and Inspections under the Commission for National Education of the Kingdom of Poland and the Grand Duchy of Lithuania (1773-1794), *Lituanus*, Vol. 22, No.4, 1976.

J. A. Račkaukas, The First National System of Education in Europe, The Commission for National Education of the Kingdom of Poland and the Grand Duchy of Lithuania (1773-1794), *Lituanus*, Vol. 14, No.4 ,1968.
J. A. Račkaukas, Education in Lithuania Prior to The Dissolution of the Jesuit Order (1773), *Lituanus*, Vol.22, No.1, 1976.
J. Rose, *Stanislas Konarski, Reformer of Education in XVIII Century Poland*, London,1929.
M.R.Lang, Komisja Edukacji Narodowej a cudzoziemcy, *Przegląd Humanistyczny*, R.21, 1977, nr.4, s.41-60.
J. Ryś, *Akademia Krakowska, Szkoła główna koronna*, Warszawa. 2018.
W. Smoleński, *Wybór pism*, Warszawa, 1954.
I. Stasiewicz-Jasiukowa(red.), *Nowożytna myśl naukowa w szkołach Komisji Edukacji Narodowej*, Wrocław, 1973.
I. Stasiewicz-Jasiukowa(red.), *Nowożytna myśl naukowa w szkolach i księgozbiorach polskiego Oświecenia,* Wrocław, 1976.
B. Suchodolski, *Komisja Edukacji Narodowej*, Warszawa, 1972.
I. Szybiak, *Szkolnictwo Komisji Edukacji Narodowej w Wielkim Księstwie Litewskim*, Wrocław, 1973.
I. Szybiak, *Nauczyciele szkół średnich Komisji Edukacji Narodowej*, Wrocław,1980.
J. Trzynadlowski, *Komisja Edukacji Narodowej*, Wrocław, 1973,
A. Woltanowski, R.Wołoszyński, *Komisja Edukacji Narodowej 1773–1794*. Warszawa, 1973.
R. Wołoszyński, *Dzieje oświaty polskiej do roku 1795*, Warszawa, 1983.

浅野啓子、佐久間弘展編『教育の社会史　ヨーロッパ中近世』、知泉書館、2006 年。

池田貞雄『ロシアソヴィエト教育史 I』（世界教育史体系 15）、講談社、1976 年。
L. J. ロジェ（上智大学中世思想研究所翻訳／監修）『キリスト教史 7　啓蒙と革命の時代』、平凡社、1997 年。
アルフォンサス・エイディンタスほか（梶さやか、重松尚訳）『リトアニアの歴史』、明石書店、2018 年。

白木太一「ポーランド国民委員会初期（1773 ～ 76）における身分別教

白木 太一（しらき たいち）
1959年、東京生まれ。1982年、早稲田大学第一文学部史学科西洋史専修卒業。1985年、早稲田大学大学院文学研究修士課程修了。1986～89年、ワルシャワ大学歴史研究所留学。2002年、早稲田大学から文学博士号授与。現在、大正大学文学部歴史学科教授、フォーラム・ポーランド副代表。
主要業績：『近世ポーランド「共和国」の再建―四年議会と五月三日憲法への道』（彩流社、2005年）、「近世ポーランドにおけるヘトマン（軍司令官）職―その社会的役割の変遷を中心に」（井内敏夫編『ヨーロッパ史におけるエリート』、太陽出版、2007年）、「聖職者イグナツィ・クラシツキと18世紀後半のヴァルミア司教区」（『鴨台史学』第9号、2009年）、『［新版］一七九一年五月三日憲法』（ポーランド史叢書2、群像社、2016年）、ダヌータ・グヴィズダランカ著『現代ポーランド音楽の100年―シマノフスキからペンデレツキまで』（共訳、音楽之友社、2023年）、『ポーランド・バルト史（山川セレクション）』分担執筆（伊東孝之・井内敏夫編、山川出版社、2024年）、『ポーランドの歴史を知るための56章』（共編著、明石書店、第2版、2024年）。

Niniejsza publikacja została wydana w serii wydawniczej
„Źródła historyczne do dziejów Polski"
w ramach „Biblioteki kultury polskiej w języku japońskim"
przygotowanej przez japońskie stowarzyszenie „Forum Polska",
pod patronatem i dzięki finansowemu wsparciu wydania przez Instytut Polski w Tokio.

本書は、ポーランド広報文化センターが後援すると共に出版経費を助成し、
「フォーラム・ポーランド」が企画した
《ポーランド文化叢書》の一環である
《ポーランド史叢書》の一冊として刊行されました。

ポーランド史叢書 10

国民教育委員会《こくみんきょういくいいんかい》　ヨーロッパ最初の「文部省」

2024 年 12 月 13 日　初版第 1 刷発行

著　者　白木太一

発行人　島田進矢

発行所　株式会社　群 像 社
神奈川県横浜市南区中里 1-9-31　〒 232-0063
電話／ FAX　045-270-5889　郵便振替　00150-4-547777
ホームページ　http://gunzosha.com
E メール　info@gunzosha.com
印刷・製本　モリモト印刷

カバーデザイン　寺尾眞紀

ISBN978-4-910100-39-5

ポーランド史叢書

1 ブレスト教会合同　福嶋 千穂
分裂した東西の教会のはざまにあったウクライナで東方カトリック教会が生まれるきっかけとなった教会合同。キエフ府主教座教会の苦難の歴史と現在。

ISBN978-4-903619-61-3

2［新版］1791年5月3日憲法　白木太一
世界で二例目の成文憲法として近代国家の理念を打ち立てたポーランド憲法。成立までの政治家の動きを追い、独立の象徴として後世に受け継がれた憲法の意義を解く。

ISBN978-4-903619-67-5

3 ポーランド国歌と近代史 ドンブロフスキのマズレク　梶 さやか
国民国家のシンボルとして歌われる国歌。分割支配からの独立を目指す人々の心の支えとなった愛国歌が国歌になるまでの過程と周辺諸民族に与えた影響を明かす。

ISBN978-4-903619-72-9

4 リガ条約 交錯するポーランド国境　安井 教浩
ソヴィエト・ロシアとの戦争を終結させ新生ポーランドの国家像を決めることになった1921年の条約締結に至るまでの政治的ダイナミズムと国境のもつ意味を問う。

ISBN978-4-903619-83-5

5 ポーランド年代記と国家伝承　荒木 勝
11世紀の年代記とその百年後に文学的に薫り高く国家の起源を物語った年代記を比較しながらポーランドの国家伝承の基本的な特徴を描く。

ISBN978-4-903619-92-7

6 十一月蜂起とポーランド王国　山田 朋子
ショパンの心を揺さぶった19世紀初めの蜂起は国家なき時代にポーランド人が民族意識の拠り所となった重要な出来事だった。蜂起の展開と意味を史料とともに伝える。

ISBN978-4-910100-02-9

7 第三共和国の誕生 ポーランド体制転換　一九八九年　田口雅弘
ソ連崩壊の先駆けとなったポーランドの非共産党政権の成立は社会主義体制を資本主義体制に移行させる大きな実験の場だった。体制転換期を理解するための史料と解説。

ISBN978-4-910100-21-0

8 戦勝記念碑とピアニスト　宮崎 悠
一九一〇年七月一五日演説にみるパデレフスキの政治思想
500年前のグルンヴァルト戦勝の記念碑を企画・実現したピアニストにして独立ポーランド国家の初代首相パデレフスキ。当時の動向と除幕式典の史料をとともに解説。
ISBN978-4-910100-27-2

9 王のいない共和国の誕生　福元 健之
第一次大戦後に初めて民主制国家として誕生したポーランド共和国。君主制支持者がいかにして民主制への転換という革命を実現したのか。史料と共に明らかにする。

ISBN978-4-910100-33-3

各巻1500円（税別）